Shai Tubali

Die sieben Chakra-Tage

Es gibt heute unbedingt viele gute Gründe, das weibliche Geschlecht wieder besser sichtbar zu machen. Dies ist seit mehr als 40 Jahren auch Anliegen unseres Verlages. Ob dies durch Gendern erreicht wird, darf man jedoch hinterfragen, immerhin geht es um unsere *Mutter*sprache. Sicher ist, dass der grammatische Genus nichts über das Geschlecht (Sexus) aussagt. Deswegen halten wir uns als Verlag beim Gendern bewusst zurück. Ausführliche Begründung dazu unter www.neue-erde.de/derdiedas

Shai Tubali

Die sieben Chakra-Tage

Energiearbeit im Rhythmus der Woche

Aus dem Englischen übersetzt von
Andreas Lentz

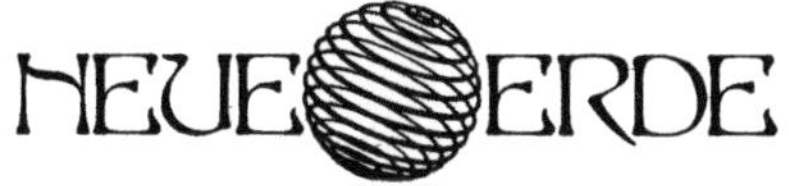

Bücher haben feste Preise.
1. Auflage 2024

Shai Tubali
Die sieben Chakra-Tage

Der Titel des englischen Originals lautet »7 Day Chakras«.
Übersetzt aus dem Englischen von Andreas Lentz.

Umschlag:
Illustration: Transia Design/shutterstock.com
Gestaltung: Dragon Design, GB

Lektorat: Laura Spies

Abbildung auf Seite 32 von Juliana Brykova (Frau)
und Ramziya Khusnullina (Chakras), beide shutterstock.com
Chakra-Symbole: Transia Design/shutterstock.com

Satz und Gestaltung:
Dragon Design, GB
Gesetzt aus der Minion

Gesamtherstellung: Book on Demand GmbH, Norderstedt
Printed in Germany

ISBN 978-3-89060-772-6

Neue Erde GmbH
Cecilienstr. 29 · 66111 Saarbrücken
Deutschland · Planet Erde
www.neue-erde.de

Inhalt

Einführung

Als die Chakren vor über zweitausend Jahren im alten Indien entdeckt wurden, erkannte man in ihnen zunächst mächtige Energiezentren, die durch Visualisierungen und Mantras aktiviert werden konnten. Im Laufe der Zeit wurde das Konzept dieser sieben inneren Kräfte von zahlreichen Sehern und Experten für den feinstofflichen Körper weiter ausgebaut. Heutzutage ist es üblich, die Chakren als ein umfassendes System zu betrachten, das tiefgreifende Auswirkungen auf alle Ebenen unseres Seins hat; dazu gehören die körperliche Gesundheit, die emotionale Entwicklung, das geistig-seelische Gleichgewicht und das spirituelle Potential. Je mehr Forscher und Gelehrte sich mit den Chakren befassen, desto mehr erkennen wir, dass sie uns eine ganzheitliche innere Landkarte für die Navigation in unseren seelischen und spirituellen Bereichen bieten.

In meiner zwei Jahrzehnte währenden Forschung über das Chakren-System – die durch eigene Untersuchungen, traditionelle Lehren, alte und moderne Literatur und Chakra-Arbeit mit Tausenden von Menschen inspiriert wurde – sehe ich die Chakren inzwischen als jene Elemente, durch die Menschen mit den verschiedenen Dimensionen des Lebens in Verbindung stehen. Ich betrachte sie als sieben Arten von Erfahrungen, Perspektiven und Intelligenzen, die es der Menschheit ermöglichen, mit dem Leben in seiner Gesamtheit in Kontakt zu treten.

Diese Erkenntnis – dass die sieben Chakren die sieben Dimensionen des Lebens widerspiegeln – hat mich dazu gebracht, den Sieben-Tage-Chakra-Pfad zu entwickeln. Ich erkannte, dass wir, sobald wir jedes der aufeinanderfolgenden Chakren mit dem entsprechenden Tag verbinden – indem wir den Montag zum Wurzelchakra-Tag machen, den Dienstag zum Sakralchakra-Tag und so weiter –, eine überaus systematische und vollständige Chakra-Übungspraxis sowie eine vollständig realisierte Erfahrung der Woche erreichen.

Die Vorteile sind vielfältig. Lasse mich kurz die beiden Hauptvorteile des siebentägigen Chakra-Zyklus erklären.

Die ultimative Chakra-Praxis

Dies ist eine völlig neue Ebene der Chakra-Arbeit, die weit über die üblichen Visualisierungen, Mantras und Yogastellungen hinausgeht. Ganz gleich, ob du Chakra-Enthusiast bist, der seine Leidenschaft für die Chakren in einen praktisch gangbaren Weg verwandeln möchte, oder ob du Anfänger bist, der in die Welt der Chakren eingeführt werden möchte, diese umfassende Praxis gibt all deinen Chakra-Prozessen Struktur und erlaubt dir, die vielen Möglichkeiten, durch die du diese Energiezentren zum Leben erwecken kannst, ganz leicht zu erkunden.

Der Weg ist einfach: Jede Woche steigst du die Chakren-Leiter hinauf, wobei du dich jeden Tag auf eine der sieben Stufen konzentrierst, um ein bestimmtes Zentrum zu energetisieren und zu stärken. Am Ende der Woche sind alle sieben Chakren aktiviert, so dass dein inneres Wesen leuchtet: von der Basis bis zum Scheitel. Dies ist eine Übung, die du jede Woche wiederholen kannst. Je öfter du sie praktizierst, desto effektiver wird sie! Wenn du die Chakren erforschst, wächst die Erkenntnis, und deine Reise der Selbstentwicklung beschleunigt sich. Die Chakren werden immer ausgeglichener und bewusster und wirken besser zusammen.

Wenn du an spiritueller Erleuchtung interessiert bist, erweckt eine solche fortschreitende Aktivierung aller Chakren die subtile zentrale Säule, um die sich diese Energiezentren ranken. Dieses Erwachen kann den Prozess, der schließlich zum erhabenen Zustand der mystischen Einheit führt, sehr unterstützen: Einheit mit sich selbst und mit der Gesamtheit der Existenz.

Wenn du jedem Chakra systematisch deine ganze Aufmerksamkeit widmest, wirst du dir deiner stärkeren und schwächeren Chakren bewusst werden. Dann kannst du die Aktivität der Chakren, die du als schwächer erkennst, an den ihnen zugewiesenen Tagen verstärken. Du wirst ermutigt, Zeit und Energie für dringend benötigte Heilungsprozesse zu verwenden, sowohl auf körperlicher als auch emotionaler Ebene, um das unausgewogene Zentrum zu heilen. Und du wirst erkennen, dass sich durch den Ausgleich schlummernde Fähigkeiten und Qualitäten, die dir derzeit nicht zur Verfügung stehen, aus dem erwachenden Chakra verwirklichen.

Eine optimale Funktion eines bestimmten Chakras fördert das körperliche Wohlbefinden und das emotionale Gleichgewicht. Aktive Chakren nehmen die vitale Lebenskraft auf, leiten sie weiter und verteilen sie effizient an die sie umgebenden Drüsen, Nervengeflechte und Organe. Diese verstärkte Lebenskraft löst Blockaden in energetischen Bereichen und vertreibt so unerwünschte emotionale und mentale Unausgewogenheit. Um diese heilenden Eigenschaften zu nutzen, kannst du die erste Phase der wöchentlichen Zyklen den Praktiken und Übungen widmen, die unbehandelte Bereiche von Körper und Geist heilen und ausgleichen; dazu gehören auch psychosomatische Störungen. Der Ablauf der Chakra-Woche lenkt die Aufmerksamkeit ganz natürlich auf die verschiedenen Bereiche in dir, die übersehen wurden, denn du unternimmst die vollständige Reise *durch* deinen Körper, von den Füßen bis zum Kopf.

Ein integrativer Weg, der das Leben als Ganzes begreift

Nimm dir einen Moment Zeit, um über die aktuelle Erfahrung deiner Woche nachzudenken, indem du dir die folgenden Fragen stellst:

- Wie fühle ich mich, wenn ich meine Woche im Voraus plane?
- Wie fühle ich mich am Anfang und am Ende der Woche?
- Widme ich die meiste Aufmerksamkeit nur einem oder zwei Aspekten meines Lebens? Wenn ja, welche sind das?
- Welche Aspekte meines Lebens und meines Seins werden vernachlässigt oder hinten angestellt?
- Habe ich am Ende der Woche meistens das Gefühl, alles erreicht zu haben, was ich mir vorgenommen habe?

Das vielleicht grundlegendste Problem des Zeitmanagements in einem stressigen westlichen Lebensstil ist das Gefühl, dass wir uns selbst hinterherjagen, wenn wir in vielen – manchmal widersprüchlichen – Aspekten unseres Lebens erfolgreich sein wollen. Entweder konzentrieren wir uns zu sehr auf einen oder zwei Bereiche, während wir alle anderen vernachlässigen, oder wir bleiben so zerstreut, dass nur sehr wenig wirklich erreicht wird. Der Sieben-Tage-Chakra-Pfad entspricht einem tiefen Bedürfnis nach einem integrativen Lebensstil, der die Anforderungen des Alltags meisterhaft bewältigen kann. Sobald du jedem Aspekt deines Lebens einen Tag zuordnest, bist du frei von der Unmöglichkeit, alles auf einmal schaffen zu wollen. Gleichzeitig wirst du die Aspekte bemerken, die danach hungern, gesehen und gepflegt zu werden.

Jede Woche deines Lebens kann in ein vollständiges Erwachen von Körper, Geist und Seele münden. Viele Traditionen raten dazu, die Übungen täglich zu wiederholen. In diesem Buch wird diese Strenge zugunsten von Übungen und Aktivitäten gelockert, die für den jeweiligen Tag geeignet sind. Mit der Weisheit der Chakren wird deine Woche zu einer reichhaltigen und vielfarbigen Reise, die mit den eher irdischen, körperlichen und grundlegenden Aspekten beginnt, zu den emotionalen, interaktiven und sozialen Aspekten übergeht und mit den intellektuellen und spirituellen Dimensionen deines Wesens endet. Am Ende eines jeden Zyklus wirst du das Gefühl haben, dass es dir gelungen ist, all die verschiedenen Blumen in deinem Lebensgarten zu gießen. Auf einem solchen Weg wird alles relevant, sinnvoll und gleichermaßen spirituell, zu einem untrennbaren Teil eines größeren Ganzen.

Ein solcher integrativer Weg ist zudem ein gutes Werkzeug für das Selbstcoaching. Er schult zunächst deine Erdung. Der siebentägige Chakra-Pfad ermöglicht es dir, deine überforderte und unorganisierte Sicht des Lebens und das beklemmende Gefühl, nie genug Zeit zu haben, hinter dir zu lassen. Stattdessen kannst du deinen Zeitplan selbst in die Hand nehmen und deine Energie und Aufmerksamkeit bündeln, indem du dir die richtigen Aufgaben und Ereignisse für die idealen Zeiten der Woche vornimmst. Dabei wirst du feststellen, dass die Zeit viel biegsamer und großzügiger ist, als du es dir jemals vorgestellt hast. Es ist viel einfacher, dein Leben in klaren Kategorien zu sehen, als in einer ununterscheidbaren Ansammlung von Aufgaben und Ablenkungen. Dieser Weg hilft dir auch dabei, mehr von deinen Wünschen und Plänen zu verwirklichen, die du vielleicht im Laufe der Zeit verdrängt hast. Auf diese Weise kann er dir zeigen, wie du viel mehr von deinem Potential freilegen und erfüllen kannst.

Aber beim Sieben-Tage-Chakra-Pfad geht es nicht nur darum, effektiv mit der Zeit und den täglichen Aufgaben umzugehen. Dieses System vermittelt dir zudem das Gefühl, dass du deinen Zeitplan und damit dein Leben selbst gestalten kannst. Zeit ist nichts Messbares, sondern bietet viele Gelegenheiten, ein Feld von Möglichkeiten, wie eine leere Leinwand, auf die man sein Leben malen kann.

Deine Werkzeuge sind nicht irgendein geliehenes Konzept, ob religiös oder nicht. Die Chakren leben tief in dir als intuitive Leitbahnen, die dich in eine vollständige Selbstverwirklichung führen und dir die Beherrschung der verschiedenen Aspekte des Lebens ermöglichen. Daher sind sie der ideale Weg, um den Wochenzyklus wieder als Möglichkeit der Selbstentfaltung zu erleben. Die in diesem Buch für jeden Tag vorgeschlagenen Übungen und Aktivitäten sind nur Anregungen für den Anfang; sobald du die zugrunde liegenden Prinzipien verstanden hast, kannst du dein eigener Schöpfer werden und die tägliche Umsetzung selbst gestalten.

Zu diesem Schöpfungsakt gehört, dass du jedem Tag einen Sinn gibst. *Du* verleihst dem Tag seine Bedeutung, indem du ihn mit der einzigartigen Farbe des Chakras einfärbst. Deine Tage sind nicht mehr der Montag oder Dienstag, sondern der Tag der Erdung oder der Tag der Freude. Weil die Zeit eine leere Leinwand ist, lassen sich die meisten Menschen einfach vom ungewollten und zufälligen Fluss der Ereignisse mitreißen und erleben schlicht alles, was ihnen über den Weg kommt. Auf dem Chakra-Pfad jedoch wirst du selbst aktiv und kannst so die Erfahrungen des Lebens selbst herbeirufen: ein Wechsel von der Ohnmacht in die Mitgestaltung.

Natürlich sind die Chakra-Tage keine kosmischen Frequenzen, auf die du dich einstimmst. Du ordnest deinen Sieben-Tage-Zyklus in Bezug auf dein gesellschaftliches Umfeld an und kannst den Zyklus am Samstag, Sonntag oder Montag beginnen. Deine Woche wird also von deiner Intention bestimmt, die die innere Uhr deines feinstofflichen Körpers in Gang setzt. Für diejenigen unter uns, die schamanische

Rituale, natürliche Zyklen und einen spirituellen Lebensstil schätzen, wird es sich wohl so anfühlen, als ob sie sich auf eine größere kosmische Intelligenz einstimmen, die sowohl die ganze Woche als auch den einzelnen Tag in eine außergewöhnliche Atmosphäre taucht.

Manche von uns sehnen sich in unserem allzu weltlichen Leben nach spiritueller Einbindung, nach einer Verbindung zu etwas Größerem. Da die Chakren als sieben universelle Strahlen der kosmischen Sonne verstanden werden können, kann ihre Präsenz in deinem Leben diese Sehnsucht erfüllen: als täglich fortlaufender Weg. Wenn du jede Woche vom Weltlichen zum Spirituellen aufsteigst und dann, gestärkt durch spirituelle Kräfte, wieder absteigst, wird dich das Gefühl eines heiligen Zyklus erfüllen. Viele sagen, dass sie keine Rituale mögen, doch unser heutiger Lebensstil ist mit seinen endlosen Wiederholungen und dem drängenden Gefühl, vorankommen zu müssen und doch nirgendwo anzukommen, ziemlich ritualisiert. Der hier vorgestellte siebentägige Chakra-Pfad ist eine Gelegenheit, sowohl den gesunden Zyklus der Woche als auch einen stetigen und authentischen Wachstumsprozess zu erfahren. Sich auf den Chakra-Zyklus einzustellen, kann auch für Kinder sehr attraktiv sein, die sich über phantasievolle Bezüge zu den verschiedenen Wochentagen freuen.

Wie man dieses Buch benutzt

In den Hauptkapiteln dieses Buches werden wir in die einzigartigen Erfahrungen der sieben Chakra-Tage eintauchen. Jeder Tag wird mit seiner individuellen Essenz und Energie, seiner spezifischen Art von Glück und Bedeutung, seinen Gaben und Kräften der Heilung und des Gleichgewichts, seinen Affirmationen, Aktivitäten, Übungen und Herausforderungen vorgestellt. Bevor wir dazu kommen, gebe ich hier einige wichtige Hinweise, wie du den siebentägigen Chakra-Pfad in dein Leben integrieren kannst.

Die Wichtigkeit der morgendlichen Praxis

Die morgendliche Praxis ist die wichtigste Zeit deines Chakra-Tages. Durch sein 2018 erschienenes Buch *The 5 AM Club* ist der Führungsexperte Robin Sharma zum glühenden Verfechter des frühen Aufstehens geworden und sieht darin die Möglichkeit, die eigenen Leistungen, die Gesundheit und die Konzentration zu verbessern. Laut Sharma ist der erste Teil des Tages der entscheidendste. Wenn man so früh wie möglich aufsteht, während alle anderen noch schlafen, gibt es keine Ablenkungen, daher ist dies die ideale Zeit, um Produktivität und Kreativität zu entfalten. Genauer gesagt, betrachtet er die Zeit zwischen 5 und 6 Uhr als »Stunde des Sieges« und empfiehlt, sie in drei zwanzigminütige Abschnitte zu unterteilen, die mit einer kräftigen körperlichen Betätigung beginnen, zu einer Reflexion über die Ziele und Visionen des Tages übergehen und mit dem Lernen von etwas Neuem enden. Bei einer Lebensweise, bei der wir nie genug Zeit haben, stellt dieses Rezept eine Oase der Konzentration dar.

Im Rahmen des siebentägigen Chakra-Pfades ist die morgendliche Praxis ebenso wichtig. Indem du deine Übungen unmittelbar nach dem Aufwachen beginnst, gibst du dem gesamten Tag eine Form; du gibst ihm die Farbe des Chakras und setzt seine Energien und Kräfte für den ganzen Tag frei. Du musst nicht unbedingt um 5:00 Uhr morgens aufstehen, aber wenn möglich, gewöhne dich daran, eine Stunde vor deinen Pflichten und deiner Routine aufzuwachen. Heutzutage werden wir mit Informationen überflutet, es wird erwartet, dass wir immer erreichbar und effizient sind, also widerstehe dieser Versuchung und beginne mit den Übungen, bevor du die Tore deines Geistes für die Welt öffnest. Wache zu einem stillen, unberührten Tag auf, einem Tag, den du selbst gestalten kannst – *deinem* Tag.

Der siebentägige Chakra-Pfad ist nicht so sehr auf die Erhöhung der Produktivität ausgerichtet wie Sharmas Ansatz – es gibt sogar vier Tage in diesem Buch, die genau das Gegenteil empfehlen! In jedem Kapitel findest du eine genaue Beschreibung der empfohlenen morgendlichen Übungen für jeden Chakra-Tag, aber die Struktur ist identisch: Nimm dir mindestens eine Stunde Zeit für die Übungen, die idealerweise drei aufeinanderfolgende Phasen umfasst (wie in Sharmas Konzept lässt sich die Stunde bequem in drei zwanzigminütige Abschnitte unterteilen):

Aktivierung. Wähle eine beliebige Art der Chakra-Aktivierung; es gibt Vorschläge in den einzelnen Kapiteln. Ich empfehle, das Chakra zu aktivieren, indem du den entsprechenden Abschnitt aus der Meditation »Lächle in deine Chakren« oder der Meditation »Chakra-Blüte« (in Kapitel III) anwendest. Manche sind während der Aktivierung lieber körperlicher und dynamischer und entscheiden sich für Tanzen, Malen, Yogastellungen, Atemübungen oder eine anderweitige Form der dynamischen Meditation. Es geht darum, eine Aktivierungsmethode zu wählen, die das Chakra gemäß der Beschreibung im jeweiligen Kapitel stimuliert. Tatsächlich wird ein Chakra allein dadurch angeregt, dass man ihm seine Aufmerksamkeit zuwendet. Wiederhole beim Aktivieren eine der vorgeschlagenen Affirmationen wie ein Mantra. Verwende die dabeistehenden Affirmationen (oder deine eigenen) den ganzen Tag über, indem du sie auf Klebezettel schreibst, die du an deinem Computer, Schreibtisch, Geldbeutel oder deiner Wasserflasche befestigst, oder lasse sie einfach in deinem Geist widerhallen.

Inspiration. Tue dir Gutes, indem du etwas lernst, das die Energien und Fähigkeiten, die du an diesem Chakra-Tag in dir wecken willst, ausmachen und zum Ausdruck bringen – in erster Linie lernst du, um deine Motivation und Begeisterung zu wecken. Idealerweise bereitest du deine Inspirationsquelle vor (kreative Tage wie Dienstag, der Tag der Freude, und Freitag, der Tag des Ausdrucks, eignen sich am besten, um solche Materialien zu sammeln). In den folgenden Kapiteln werden viele Möglichkeiten der Inspiration empfohlen, aber je mehr du dich öffnest, desto erstaunter wirst du sein, wie viele Videos, Bücher, Vorträge und Filme es gibt, die dich anregen können.

Vision. Nimm dir etwas Zeit, um aufzuschreiben, wie du auf die Chakra-Frequenz des Tages reagieren wirst. Wie willst du diesen Tag voll und ganz leben? Schließe die Augen und stelle dir so genau wie möglich vor, wie du die Energie des Chakras ideal und ungestört verkörperst.

Sieh dich in realen Situationen, wie du erfolgreich auf die Herausforderungen reagierst, die dich an diesem Tag erwarten. Wie willst du mit Hilfe der Tagesfrequenz auf die Herausforderungen reagieren? Gibt es Blockaden, die dich daran hindern könnten, die Frequenz richtig umzusetzen? Wenn sie unüberwindbar erscheinen, solltest du dich ihnen vielleicht gerade stellen.

Am Ende der Visionsphase wähle eine Aktivität und eine Übung für den Chakra-Tag. Aktivitäten (unter dem Titel »Aktiviere dein Chakra«) sind Handlungen für den Alltag, und Übungen (unter dem Titel »Praktiken für einen kraftvollen Tag«) sind innere Techniken und Meditationen. Zusammen mit der morgendlichen Praxis reichen diese aus, um einen voll verwirklichten Tag zu erleben. Wenn eine Aktivität oder Übung in der letzten Stunde vor dem Schlafengehen stattfinden kann, schließt sich ein perfekter Kreis, der den Tag zusammenfasst und es dir ermöglicht, dich mit einem Rückblick von seiner Energie zu lösen.

Achte auf die Struktur der Woche

Der Montag, der meist als erster Tag der Woche betrachtet wird, ist die Zeit, in der man sich Gedanken über all die Dinge macht, die man in der Woche in den verschiedenen Lebensbereichen angehen möchte. Dabei geht es nicht nur um Arbeitspläne, Aufgaben und Termine; es ist eine Gelegenheit, festzulegen, was du in dieser Woche als ganzheitlicher und vielseitiger Mensch zu erreichen hoffst. An welchem Punkt deiner Entwicklung möchtest du dich am Ende der Woche befinden? Das kann deine Ernährungsgewohnheiten betreffen, ein tieferes Verständnis von Meditation, größere Schöpferkraft oder ein ausgeglicheneres Verhältnis zu deinem Körper. Achte bei deiner Montagsbewertung darauf, dass du alles, was du in der vergangenen Woche erreicht hast, mit einbeziehst, um den allmählichen Entwicklungsprozess deines Lebens wertzuschätzen.

Der Chakra-Zyklus sieht drei Tage als die feurigsten und intensivsten: Montag (Wurzelchakra-Tag oder Tag der Erdung), Mittwoch (Nabelchakra-Tag oder Tag der Kraft) und Freitag (Halschakra-Tag oder Tag des Ausdrucks). Dies sind die besten Tage, um wichtige Entscheidungen zu treffen, sich auf Ziele und Vorhaben festzulegen und sich ein wenig mehr zu fordern. Für diejenigen unter euch, die überaktiv sind, gibt es im Laufe der Woche genügend Gelegenheiten, herunterzufahren. Für diejenigen, die eher passiv sind, sind dies die Tage, an denen ihr euren Träumen und Visionen Priorität einräumen solltet. Es wirkt sehr ausgleichend – und ganz anders als die westliche Lebensweise mit ständiger Arbeit und Stress – sich auf die Chakren einzulassen. Dann gibt es drei Tage der Aktion und vier Tage, an denen die weniger »produktiven« Dinge kultiviert werden, nämlich Freude, Gefühle, Intellekt und Geist.

Wenn du mit dem siebentägigen Chakra-Zyklus beginnst, wirst du bald feststellen, dass dir einige Tage ganz natürlich vorkommen; in vielerlei Hinsicht praktizierst du wahrscheinlich die Lektionen dieses Tages bereits. Mache dir bewusst, dass auch deine stärkeren Tage vertieft werden können; gehe nicht davon aus, dass du bereits alle möglichen Tiefen eines Chakras kennst und lebst.

Es ist wahrscheinlich, dass du an einem der Tage ein langfristiges Projekt beginnen willst. Zum Beispiel jeden Dienstag und Freitag Teile eines Buches schreiben oder jeden Samstag (dem Tag der Weisheit) ein bestimmtes Gebiet erforschen. Langfristig vorzugehen, ist eine gute Entscheidung, weil so ein Wechsel in den Tätigkeiten und laufenden Aktivitäten entsteht. So wird dafür gesorgt, dass der Übergang von einem Zyklus zum nächsten erfrischend und überraschend ist, während die fortlaufenden Projekte das Potential des Pfades nutzen, um deine Ideen und Visionen zu verwirklichen.

Du kannst sogar noch einen Schritt weitergehen und besondere Ereignisse wie Feiern oder Termine auf ihre idealen Tage legen. Achte jedoch darauf, dass du dieses Konzept nicht dogmatisch siehst und nicht alles in deinen Chakra-Zeitplan einpassen willst. Manche Menschen sind Perfektionisten oder neigen dazu, ihr Leben vollständig zu kontrollieren. Dann würdest du dich ziemlich aufregen, wenn ein Freund dich am Montag, dem Tag der Erdung, zu einer Geburtstagsfeier einlädt oder dein Partner am Mittwoch, dem Tag der Kraft, mit dir ins Theater gehen möchte. Nutze die Struktur der Woche einfach als Plattform, auf der du spielen kannst, wobei du dich am allgemeinen Flair des Tages orientierst. Aus diesem Grund ist die morgendliche Übung so wichtig: Tagsüber ist man viel anfälliger für Druck und Erwartungen.

Das heißt, du kannst die Ausrichtung und Energie des Tages im alltäglichen Fluss der Ereignisse umsetzen, indem du alles, was du tust, durch die Linse des Chakras betrachtest. Deine Arbeit ist ein gutes Beispiel; sie drückt wahrscheinlich die Qualitäten von nur einem oder zwei Chakren aus, von denen, die von Natur aus am stärksten sind. Aber die Arbeit selbst kann aus verschiedenen Blickwinkeln betrachtet werden und an bestimmten Tagen eine andere Note bekommen – und oft können solche ungewöhnlichen Perspektiven helfen, Herausforderungen bei der Arbeit besser zu bewältigen.

Im allgemeinen besteht keine Notwendigkeit, sich den ganzen Tag über in die Chakra-Frequenz zu vertiefen. Sei nicht beunruhigt, wenn du die Ausrichtung auf das Chakra für mehrere Stunden vergisst. An manchen Tagen musst du dich mit belastenden Angelegenheiten befassen, die deine ganze Aufmerksamkeit in Anspruch nehmen. Frühmorgendliche und abendliche Übungen sorgen dann dafür, dass die Energie des Tages auch an solchen Tagen, die dich voll in Anspruch nehmen, erhalten bleibt.

Wenn du auf deinem siebentägigen Chakra-Pfad unterstützt werden möchtest, bist du eingeladen, dich bei meinem Online-Campus in meiner Community anzumelden: https://activespirits.net/de/. Auf dieser Plattform werden täglich inspirierende Zitate, Videos, Audios, Meditationen, Chakra-Aktivierungen und ausführliche Kurse angeboten (teilweise nur auf Englisch). Diese werden die verschiedenen Chakra-Tage verstärken und zur Entfaltung bringen. Wenn du dabei bist, kannst du auch Ideen und Materialien mit anderen Mitgliedern austauschen, um euren gemeinsamen Weg zu vertiefen.

Kleine Schritte für einen großen Weg

Einigen wird es leichtfallen, ihr Leben schnell und effektiv nach den Prinzipien des Sieben-Tage-Chakra-Pfades neu auszurichten. Andere werden diese Umstellung als inneren Kampf erleben, bei dem sie eine ungewohnte Routine aufbauen, bei der sie mit dem starken Widerstand ihrer Triebe und einer widerstrebenden Umgebung konfrontiert sind. Wenn du zu Letzteren gehörst, gibt es praktische Wege, wie du dich leicht, aber sicher in einer dich ermächtigenden Lebensweise verankern kannst.

Der Schlüssel dazu ist die Bildung von Gewohnheiten. Nur Gewohnheiten – automatische Verhaltensmuster – versetzen dich in die Lage, den Übergang zu vollziehen: vom Kampf um die Aufrechterhaltung dieses Lebensstils zu einer mühelosen Art des Seins. Wenn du die Chakra-Woche zu etwas machst, das von deinem Unterbewusstsein getragen wird, entgehst du dem Fallstrick, dich nur auf Glauben und Anstrengung zu verlassen. Im Idealfall ist die Chakra-Woche ein Muster, dem du, ohne nachzudenken, folgst.

Das heißt nicht, dass der Zyklus nicht zu einem höheren Gewahrsein und einem erweiterten Bewusstsein führen würde, die Ergebnis der Aktivierung der sieben Chakren sind, aber es ist dabei nicht erforderlich, dass du dich jeden Morgen besonders stark konzentrierst, um die Energie des Tages heraufzubeschwören. Du solltest stets das Gefühl haben, dass der Tag dich einbezieht, dass er irgendwie vor deiner bewussten Aufmerksamkeit existiert und dass du ganz natürlich dazu neigst, an ihm teilzuhaben. So wird es dir möglich, tiefer in die potentielle Kraft und Einsicht eines jeden Tages einzutauchen, wobei du dich auf die unveränderlichen, soliden Grundlagen deiner neuen Gewohnheit verlässt.

Die folgende einstündige Schreibübung könnte ein wichtiger erster Schritt sein:

1. Nimm dir zwanzig Minuten Zeit für die Beantwortung dieser beiden Fragen: Was sind die dauerhaften Veränderungen, die ich in meinem Leben bewirken möchte? Gibt es unerfüllte oder scheinbar unerfüllbare Veränderungen, die ich voller Zweifel in Betracht gezogen habe? Nutze diese Zeit, um einen genauen Blick auf die verschiedenen Aspekte deines Lebens und Seins zu werfen.
2. Nimm dir als nächstes zwanzig Minuten Zeit, um über Gewohnheitsänderungen zu schreiben: Welche alten Gewohnheiten möchte ich ablegen? Welche neuen Gewohnheiten möchte ich herausbilden?

3. Ordne in den verbleibenden zwanzig Minuten deine Gewohnheiten den sieben Chakra-Tagen zu: Erdung, Freude, Kraft, Liebe, Ausdruck, Weisheit und Geist. Lege fest, was du wiederholen musst, um deine alten Gewohnheiten abzulegen und die gewünschten Gewohnheiten zu bilden. Dieser einfache Vorgang wird dir helfen, von abstrakten Vorstellungen und vagen Absichten zu einer möglichst praktischen Vision deines neuen Lebens zu gelangen.

Betrachte deine wöchentlichen Gewohnheiten als wirksame Kanäle, durch die die großen Veränderungen, die du dir immer gewünscht hast, mühelos in dein Leben einfließen können. Die große Veränderung, von der wir sprechen, ist die Ausrichtung deines Lebens auf den Chakren-Zyklus. Wenn diese Lebensweise für dich zur Gewohnheit wird, brauchst du dich nie zu disziplinieren, um nach diesem Prinzip zu leben. Damit dies geschieht, solltest du zunächst die Signale aktivieren, die stark genug sind, um dich unwillkürlich mit der richtigen Einstellung und Handlung reagieren zu lassen.

Hier sind vierzehn Hinweise, die während der Woche als Wegweiser dienen können. Du musst nicht alle befolgen, um den Motor der Chakra-Woche in Gang zu setzen. Du kannst auch persönliche Hinweise hinzufügen, die dir noch unmittelbarer und effizienter die Richtung weisen.

- Plane zu Beginn jeder Woche – oder noch besser zu Beginn jeden Monats – Vorhaben ein, die zu den jeweiligen Tagen passen. Idealerweise sollten sie andere einbeziehen. Am besten sind Dinge, die jede Woche wiederholt werden können. Zum Beispiel: jeden Dienstag mit Freunden tanzen gehen (Tag der Freude) oder jeden Donnerstag ein romantisches Abendessen mit dem Partner (Tag der Liebe). Wiederkehrende Ereignisse, die andere mit einbeziehen, halten dich ganz von selbst im Rhythmus der Chakra-Woche.
- Kaufe einen schönen Jahresplaner und mach dir ein Vergnügen daraus, dein ganzes Jahr – oder das, was davon übrig ist – mit Bezeichnungen und Farben für jeden Tag der Woche zu markieren. Um es zu vereinfachen, kannst du auch sieben Aufkleber entwerfen und drucken. Mit dieser einfachen Vorgehensweise wirst du jedes

Mal, wenn du deinen Kalender öffnest, an deinen neuen Lebensstil erinnert.

- Reserviere bei der Planung deiner Woche eine Stunde Zeit in deinem Tagesablauf. Lass dich nicht verleiten, in diesen Zeitfenstern eine Aktivität zu planen. Diese freie Stunde kannst du nutzen, dich auf den Chakra-Tag auszurichten.
- Mache dir zu Beginn der Woche oder in der Nacht vor dem nächsten Chakra-Tag Notizen mit visuellen oder verbalen Erinnerungen und verteile sie an gut sichtbaren Stellen. Ein wichtiges Zeichen könnte angebracht werden, wo du beim Aufwachen als erstes hinsiehst. Das Gute an diesen Bildern und Zitaten ist, dass du sie nicht immer wieder neu machen musst – du kannst sie zweiundfünfzig Mal im Jahr benutzen!
- Stelle über dein E-Mail-Konto oder Mobiltelefon Nachrichten und Erinnerungen ein, die dir stündlich oder vielleicht zweimal am Tag als kurze Aufmerksamkeitsverstärker geschickt werden. Eine Textnachricht am Dienstag, dem Tag der Freude, könnte zum Beispiel lauten: »Vergiss nicht, zu lächeln!«
- Bereite jeden Abend ein inspirierendes Video vor, das in einem offenen Fenster auf deinem Computer bis zum nächsten Morgen wartet. Achte darauf, dass du sieben separate Dateien erstellst, um jedes entsprechende Video zuzuordnen, damit du nicht jede Woche wieder von vorne anfangen musst.
- Stelle vor dem Schlafengehen passende Gegenstände auf, die dich an den Chakra-Tag erinnern. Stelle zum Beispiel deinen Meditationsstuhl in die Mitte des Wohnzimmers oder bereite ein Outfit vor, das in Farbe oder Stil dem nächsten Chakra-Tag entspricht.
- Richte am Abend eine anregende Umgebung für den nächsten Tag her. Das kann etwas so Einfaches sein wie das Aufstellen einer Obstschale in der Farbe des Chakra-Tages. Und es gibt eine große Auswahl an Chakra-Gegenständen – Räucherstäbchen, Tassen, Kerzen und Musik – die für den entsprechenden Tag genutzt werden können.
- Lies jeden Morgen den Abschnitt »Spüre den Tag« im entsprechenden Kapitel. Dieser Abschnitt soll dir helfen, dich auf die Schwin-

gung des Tages einzustimmen. Wenn man den Tag spürt, anstatt ihn als Konzept im Kopf zu haben, vergisst man ihn nicht so leicht.

- Ermutige einen aufgeschlossenen Freund, den Sieben-Tage-Chakra-Pfad mit dir zu beschreiten. Bedränge niemanden – biete es an und lasse ihn entscheiden, ob er es ausprobieren möchte, auch wenn es nur für eine begrenzte Zeit ist. Wenn du einen solchen Freund oder eine solche Freundin findest, kann das eine enorme Unterstützung sein, besonders in den ersten zwei Monaten, wenn sich die Gewohnheit allmählich einprägt. Schickt einander Textnachrichten, zum Beispiel: »Mögest du einen herzöffnenden Tag der Liebe erleben« am Donnerstag und schaut, ob ihr gemeinsam üben oder euch mit entsprechenden Aktivitäten beschäftigen wollt. Im Falle einer Fernfreundschaft könnt ihr jederzeit per Video oder Telefon üben oder euch miteinander verbinden.
- Nutze dein Facebook- oder Instagram-Konto, um Beiträge zu posten, die für den jeweiligen Tag relevant sind. Du musst deine Texte und Fotos nicht direkt dem Tag widmen, sondern kannst auch am Anfang oder am Ende deines Beitrags darauf hinweisen (zum Beispiel »Da heute gemäß der Chakra-Woche der Tag des Dritten Auges oder der Tag der Weisheit ist…«). Wenn du deine Beiträge mit den Chakra-Tagen synchronisierst, kannst du einen wirkungsvollen Kontext schaffen: Wenn du dies täglich öffentlich ankündigst und andere, wenn auch auf subtile Weise, auf dieses Konzept aufmerksam machst, kann dieser Weg schnell zu einer mühelosen Gewohnheit werden.
- Erfinde kleine Rituale, die sich immer gleich wiederholen lassen, etwa ein kurzes tägliches Gebet gleich nach dem Aufwachen, um deine Absicht und Aufmerksamkeit zu bündeln, oder löse dich von einem Chakra-Tag und erspüre kurz vor dem Einschlafen den nächsten durch Gesten oder Worte.
- Beginne diesen Weg, indem du zunächst nur einen Tag entsprechend einrichtest, und zwar den, der dir am einfachsten erscheint, entweder weil dieser Tag praktisch gesehen der geeignetste ist oder weil er mit deinem Chakra-Persönlichkeitstyp harmoniert. (Wir werden in Kapitel III mehr darüber hören.) Sobald du dich an diesen Tag gewöhnt hast, wird sich deine ganze Woche um ihn drehen, und es

wird dir leichter fallen, die anderen Tage nacheinander hinzuzufügen.

- Werde Teil einer lebendigen Gemeinschaft von Menschen, die die Chakra-Woche einhalten. Wie ich bereits erwähnt habe, ist meine Online-Plattform auf dieses Konzept ausgerichtet, um die Teilnehmer bei dieser Art der ganzheitlichen Selbstverwirklichung zu unterstützen. Nach der Anmeldung erhältst du täglich eine E-Mail, die dir eine Chakra-Orientierung bietet und dich auf neu hochgeladene Inhalte wie Vorträge, geführte Meditationen und Kurse hinweist (teilweise nur auf Englisch). Außerdem kannst du dich mit anderen Übenden austauschen, und ihr könnt einander inspirieren. Wenn du den Weg ganz allein gehst, kann ein solcher äußerer Rahmen entscheidend dazu beitragen, dass dieser Weg zu einer unerschütterlichen Gewohnheit wird, die dauerhafte Ergebnisse bringt.

Glücklicherweise bietet der siebentägige Chakra-Pfad auch unmittelbare Erfolgserlebnisse, nicht nur langfristige, die sich erst nach vielen Wiederholungen einstellen. Dies ist an sich schon ein entscheidender Faktor für die Herausbildung von Gewohnheiten.[1] Gute Gefühle sowie sofortige Ergebnisse werden die Erfahrung des Tages und der Woche durchdringen. Am Ende jeder Woche, aber auch am Ende jeden Tages und bei allen kleinen Gesten, die du im Laufe des Tages machst, wirst du angenehme Zustände von Geist und Körper erleben. Wenn sich deine Chakren, die sieben Räder der Energie, als Reaktion auf deine bewusste Aufmerksamkeit schneller drehen, beginnen sie sofort, neue Ebenen des Bewusstseins, der inneren Ganzheit und des Friedens auszustrahlen. Was könnte lohnender sein als das?

Teil 1: Grundlagen

I
Chakren und Wochentage

In diesem Buch geht es um die Verbindung zweier alter Traditionen: der Sieben-Tage-Woche und des Chakren-Systems; zwei Traditionen, die vielleicht aufeinander bezogen sind.

Die erste Tradition, der Zyklus der Sieben-Tage-Woche, begann vor etwa 2.600 Jahren und wird bis heute fast überall befolgt: sechs Tage Arbeit und ein Tag Ruhe. Dieses Konzept, das weder natürlich noch selbstverständlich ist, stammt aus dem Judentum, das einen sechstägigen Zyklus ins Leben rief, der im Sabbat gipfelte. Im zweiten Jahrhundert vor der Zeitrechnung wurde unabhängig davon der astrologische Sieben-Tage-Zyklus entwickelt, der sich auf die sieben Planeten bezieht und den Samstag als ersten Tag der Woche betrachtet. Den heute vorherrschenden Sieben-Tage-Zyklus (von Montag bis Sonntag) verdanken wir der Kirche, die die jüdische und die astrologische Woche miteinander verband und aus religiösen und politischen Gründen den ersten Tag der jüdischen Woche – den Sonntag – zu einem eigenen »Hochtag« machte.[2]

Die zweite Tradition, das Chakren-System, entstand ebenfalls vor etwa 2.600 Jahren, erstmals erwähnt in den hinduistischen Upanishaden und 400 Jahre später in den Yoga Sutras von Patanjali.[3] Diese frühen Theorien des feinstofflichen Körpers und seiner Energiezentren oder psychischen Bewusstseinszentren blühten besonders in der späteren Tradition des tantrischen Yoga in der zweiten Hälfte des ersten Jahrtausends auf. Damals gab es viele Chakren-Systeme – von einem eher bescheidenen System mit fünf Chakren bis hin zu einundzwanzig –, aber um das fünfzehnte Jahrhundert herum wurde das Sieben-Chakren-Modell zum vorherrschenden System. Mit Hilfe des Orientalisten John Woodroffe und einiger Okkultisten wurde dieses System zu der in der westlichen Welt übernommenen Version, die auch als Leiter der seelischen Entwicklung gesehen wurde.[4]

Ich hoffe, du hast inzwischen die gemeinsame Basis dieser beiden Traditionen erkannt: den Zyklus der Sieben. Dieser gemeinsame Grundgedanke scheint die sieben Tage und die sieben Chakren mühelos miteinander zu verbinden: sieben Tage für sieben Chakren und andersherum.

Doch bevor wir uns auf diese »Hochzeit« stürzen, sollten wir uns die Grundlagen des Chakren-Systems genauer ansehen.

Was sind Chakren?

Der früheste bekannte Hinweis auf die Chakren in der dokumentierten Geschichte des alten Indien ist dieses Zitat:

> [Einige] haben [den Herrn der Liebe] gesehen, wie er auf seinem Wagen reitet, mit sieben Farben als Pferde und sechs Rädern, die die wirbelnden Speichen der Zeit darstellen.[5]

Das Zitat ist metaphorisch gemeint: Das wahre Selbst in uns fährt auf seinem Wagen mit sieben Farben als Pferde und sechs Rädern. Aber was ist der Wagen, auf dem es mit Weisheit fährt?

Chakren sind Teil einer größeren Entdeckung, die von den alten Sehern in Indien gemacht wurde. Vor mehr als 2.500 Jahren erkannten sie, dass jeder von uns zwei Körper hat. Der erste ist der leicht wahrnehmbare physische Körper und der zweite ist der feinstoffliche oder Energiekörper – der Wagen unseres wahren Selbst. Obwohl jeder unserer Körper seine eigene Anatomie und Physiologie hat, sind die beiden eng miteinander verflochten und haben sogar einige gemeinsame Merkmale.

Der feinstoffliche Körper besteht aus Tausenden von flexiblen und hohlen Kanälen, die die Alten *Nadis* (wörtlich: »ein Fließen«) nannten. Tatsächlich gehen die tantrischen Schriften davon aus, dass dieses hochkomplexe Netzwerk nicht weniger als 72.000 Nadis enthält! Dieses Netzwerk kann mit unserem physischen Nervensystem verglichen werden, aber seine Funktion ist eine ganz andere: Nadis leiten subtile

Energien und Kräfte, etwa *Prana* (Lebenskraft), die unsere mentale und spirituelle Existenz möglich machen und aufrechterhalten.

Glücklicherweise wird von uns nicht erwartet, dass wir uns des gesamten Netzes bewusst sind. Innerhalb dieser komplexen Struktur sind nur drei wirklich entscheidend, da sie den Fluss des Prana und des Bewusstseins in allen anderen Nadis sowie das Erwachen unseres spirituellen Bewusstseins regeln: der zentrale Kanal (oder *Sushumna*) und die beiden Seitenkanäle (*Pingala* und *Ida* genannt), die sich in einer schlangenartigen Bewegung um ihn herumwinden. Der gerade Zentralkanal verläuft in der Nähe der Vorderseite der Wirbelsäule und wird in der Tat als das energetische Rückgrat betrachtet, das die gesamte Struktur unseres feinstofflichen Körpers trägt. Wie Bäche, die von einem großen Fluss abzweigen und wieder zu ihm zurückkehren, um sich mit ihm zu vereinen, haben die beiden Seitenkanäle sechs Berührungspunkte entlang des Zentralkanals. An genau diesen Punkten befinden sich die ersten sechs Chakren. Die Chakren sind kleinere Kanäle, die an verschiedenen Punkten entlang des zentralen Kanals abzweigen und Räder oder Wirbel bilden (*Chakra* bedeutet wörtlich übersetzt »Rad«). Wenn man dann noch bedenkt, dass die drei Hauptkanäle in sechs dieser Kraftpunkte zusammenlaufen, versteht man, warum die Chakren als wichtige Energieknotenpunkte angesehen werden. Wie viele Chakren es gibt, hängt davon ab, ob man zwei oder mehr dieser Energiezentren als ein einziges Zentrum betrachtet oder ob man einige von ihnen in Unterzentren aufteilt. Dies ist der Grund für die verschiedenen Chakren-Systeme, die manchmal aus fünf, sechs, acht oder sogar einundzwanzig Chakren bestehen. Die am meisten verbreitete Einteilung ist jedoch das Sieben-Chakren-System, und die Gründe dafür werden im letzten Abschnitt dieses Kapitels erläutert. Die spezifischen Orte der Chakren variieren ebenfalls je nach Tradition, obwohl sie sich nie dramatisch unterscheiden. Oft wird der genaue Ort des Chakras von der Tradition bestimmt, um deren Schüler zu bestimmten Ergebnissen zu führen.

Häufige Chakra-Missverständnisse

Es gibt zwei wichtige Missverständnisse über die Lage und Eigenschaften der Chakren. Erstens wird allgemein angenommen, dass sich die Chakren im vorderen Teil des Körpers, nahe der Haut, befinden. Es stimmt zwar, dass sie dort am unmittelbarsten zu spüren sind, aber in Wirklichkeit handelt es sich nur um die Kontaktzentren oder Triggerpunkte der Chakren, die *Kshetra* genannt werden. Diese Kontaktpunkte sind von Bedeutung, denn sie sind die Stellen, an denen die Chakren mit der Außenwelt in Berührung kommen, und daher die Schicht, die emotional herausfordernde Situationen oder äußeren Druck am stärksten erlebt. Der eigentliche Sitz der Chakren befindet sich jedoch im Inneren des zentralen Kanals, der Sushumna, nahe der Vorderseite der Wirbelsäule. Bei der Meditation über ein Chakra ist es daher am effektivsten und kraftvollsten, sich mit der Aufmerksamkeit von der Vorderseite zur Körpermitte zu bewegen und dort mit der Kraft des Chakras in Kontakt zu treten.

Eine zweite Quelle der Verwirrung ist der weitverbreitete Glaube, dass Chakren bestimmte Farben und Formen haben. Viele versuchen, die Farbe Grün in ihrem Herzchakra oder die Farbe Lila in ihrem Stirnchakra zu identifizieren. Und die Verwirrung wächst, weil unterschiedliche Traditionen unterschiedliche Farben nahelegen, auf die man sich konzentrieren sollte! Der Grund für diesen Unterschied ist einfach: Jede Tradition knüpft bestimmte Visualisierungen, Mantras, Silben oder Farben an diese Energiezentren, mit der Absicht, die Aktivität des Chakras zu verstärken, seine schlummernden Kräfte zu erwecken oder seine subtile Bewusstseinsschicht zum Zwecke der spirituellen Entwicklung freizusetzen. Der bekannte Ansatz, der die sieben Chakren mit den sieben Farben des Regenbogens in Beziehung setzt, ist rein metaphorisch.

Es ist schön, das Chakren-System damit zu vergleichen, wie sich weißes Licht durch ein Prisma in sieben Farben bricht, aber lasse dich nicht beirren, wenn du diese Farben in deinen Chakren nicht finden kannst. In diesem Buch biete ich dir an, die Regenbogenfarben und das, was traditionell »Saatklänge« genannt wird, zu verwenden, um deine tägliche Chakra-Praxis zu verbessern, aber denke daran, dass dies nur

Methoden sind, keine Beschreibungen. Die Saatklänge (*Beej-Mantras*), die aus der Welt des tantrischen Hinduismus stammen, sind Schwingungen, die durch die Stimme erzeugt werden: Jeder der sieben Klänge wird verwendet, um ein bestimmtes Chakra zu stimulieren.

Die Rolle der Chakren

Die Chakren sind nicht nur mechanische Leiter und Regulatoren feinstofflicher Energien. Was sie wirklich wichtig macht, ist die Tatsache, dass sie als Zentren des Austauschs zwischen den physischen, energetischen, emotionalen, mentalen und spirituellen Schichten unseres Seins fungieren. Chakren schaffen Kontaktpunkte zwischen diesen Dimensionen und ermöglichen den Übergang von Energie von einer Dimension zur anderen.

So besitzen die Chakren beispielsweise die Fähigkeit, feinstoffliche Energien in physische Energien umzuwandeln und andersherum. Diese einzigartige Position an der Schnittstelle zwischen dem physischen Körper und dem feinstofflichen Körper macht jedes Chakra zu einem äußerst einflussreichen Faktor für die Gesundheit der Drüsen, Nervengeflechte und Organe, die es umgeben. Gleichzeitig können aber auch Ernährungsgewohnheiten und Lebensstil die Aktivität der Chakren fördern oder behindern. Durch die einzigartige Lage der Chakren am Schnittpunkt der energetischen Dimension mit der emotionalen und mentalen Dimension sind diese Energiewirbel auch eng mit dem Zustand unserer Psyche verbunden. Das bedeutet, dass deine Chakren vom Grad deines emotionalen und mentalen Gleichgewichts beeinflusst werden und dass sie psychologische Eindrücke und Prägungen in sich tragen. Andererseits beeinflusst die Art und Weise, wie ein bestimmtes Chakra funktioniert, in hohem Maße Aspekte deines emotionalen und mentalen Wohlbefindens: Ein optimal aktives Chakra vermindert sofort das Geschwätz des Verstandes, beruhigt emotionale Turbulenzen und regt positive Eigenschaften und Verhaltensweisen an.

Wenn du einen direkten Kontakt zu deinen Chakren herstellen möchtest, versuche es mit einem der nachfolgenden kurzen Experimente. Schließe zunächst zehn Minuten lang die Augen und stelle dir einen zentralen Kanal vor, der die Körpermitte vom Damm bis zum Scheitelpunkt des Kopfes durchdringt. Suche dann nach Kraftpunkten entlang dieses Kanals; die energetisch stärker aufgeladenen Bereiche, in denen du eine stärkere Intensität oder Schwingung spürst, sind höchstwahrscheinlich die Chakren. Wenn du bei diesem Experiment noch gründlicher sein willst, nimm dir fünf Minuten mehr Zeit und versuche, das Kshetra, den vorderen Teil der Chakren, zu spüren, indem du die Vorderseite deines Körpers von der oberen Stirn bis hinunter zu dem Punkt unterhalb der Genitalien abtastest. Kannst du Bereiche erkennen, die aktiver sind als andere? Vergleiche die Ergebnisse der ersten und zweiten Untersuchung. Wenn die Bereiche im Zentralkanal mit den Bereichen an der Vorderseite übereinstimmen, handelt es sich definitiv um Chakren. Das zweite Experiment kann dir helfen, die Unterchakren zu identifizieren.

Du wirst feststellen, dass bestimmte Chakren mit emotionalen Themen in Verbindung stehen. Schließe deine Augen für zehn Minuten und beginne deine Meditation, indem du an einen starken emotionalen Konflikt denkst, den du in letzter Zeit erlebt hast, oder an eine aktuelle Herausforderung in deinem Leben. Du kannst sogar ein ungelöstes Problem aus deiner Vergangenheit ansprechen – wenn es noch nicht vollständig gelöst ist, befindet es sich noch irgendwo in deinem Körper. Nach mindestens fünf Minuten der Kontemplation suche den Bereich in deinem Körper, der auf das Thema reagiert. Dieser Bereich ist höchstwahrscheinlich ein Chakra, denn der Konflikt befindet sich nicht wirklich in deinem physischen Körper, sondern eher im feinstofflichen Körper. Soweit wir wissen, hat niemand ein physisch gebrochenes Herz – ein gebrochenes Herz ist eine Erfahrung des Herz*chakras*!

Die Tatsache, dass die Chakren an den Schnittpunkten liegen, die alle Schichten unseres Seins miteinander verbinden, ist der Grund für ihre enorme Bedeutung für körperliche und psychosomatische Heilungsprozesse, emotionalen und mentalen Ausgleich und spirituelle Erleuchtung. Jedes der sieben Chakren kann auf vier Arten funktionieren:

- Dysfunktional: minimale Aktivität, stark blockiert
- Funktional: ein mäßiger Grad von Fluss
- Ausbalanciert: harmonischer Fluss
- Erwacht: reiner und verfeinerter Energiefluss

Du kannst die Chakrenfunktion auf zwei Arten entwickeln: auf dem direkten, traditionellen Weg (direkte Arbeit an den Chakren durch energetische Reinigung) oder auf dem indirekten Weg, der mit den psychologischen und spirituellen Themen arbeitet, die mit jedem der Chakren verbunden sind. Jede Trauma-Arbeit, die du leistest, und jede Meditation, die du praktizierst, verändert – je nach der Tiefe der transformativen Wirkung – den Zustand des betreffenden Chakras vorübergehend oder dauerhaft.

Jedes der sieben Chakren repräsentiert bestimmte Aspekte deines feinstofflichen Körpers, deiner Psyche und deines spirituellen Bewusstseins. In diesem Sinne sind die Chakren ziemlich linear und vertikal, wie eine Leiter der Entwicklung, die mit der irdischsten Ebene der Existenz beginnt und in der spirituellsten gipfelt. Wenn du die psychologischen Herausforderungen und Themen eines Chakras aufrichtig angehst, bringst du eine Ebene deines Wesens ins Gleichgewicht und kannst anschließend eine weitere Stufe auf deiner inneren Leiter erklimmen. Diese vertikale Natur der Chakren hat sie zu einer der effektivsten und am leichtesten zu verstehenden inneren Landkarten gemacht. Mit ihrer Hilfe kannst du deine psychologische Entwicklung steuern und ganzheitliche emotionale Reife erlangen oder deine spirituelle Entwicklung bis zu ihrer endgültigen Erfüllung im siebten Chakra über dem Scheitel verfolgen.

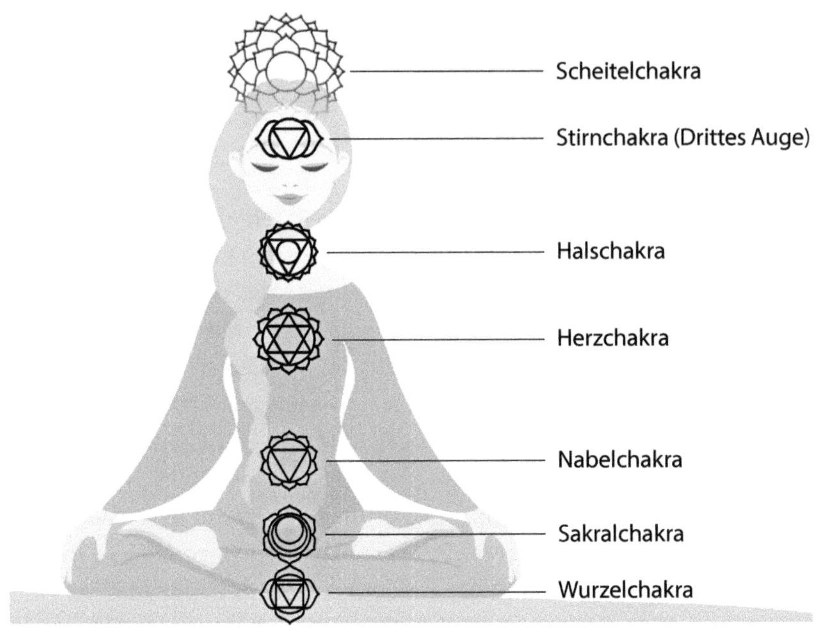

Die sieben Chakren

Hier ist ein kurzer Überblick über die grundlegenden Eigenschaften jedes der sieben Chakren.

Wurzelchakra
Traditioneller Name: Muladhara
Lage: leicht innerhalb des Dammes (Kshetra: keines)
Element: Erde
Assoziierte Farbe: Rot
Saat-Mantra: Lam
Tag der Woche: Montag
Psychologische Aspekte: Instinkt, irdische und biologische Existenz, Sicherheit, Erdverbundenheit, Körperlichkeit und Gesundheit, Angst vor Instabilität und Veränderung, Trauma

Sakralchakra

Traditioneller Name: Swadhisthana

Lage: Basis der Wirbelsäule, auf der Höhe des Steißbeins (Kshetra: auf der Höhe des Schambeins)

Element: Wasser

Assoziierte Farbe: Orange

Saat-Mantra: Vam

Tag der Woche: Dienstag

Psychologische Aspekte: Gefühl und Impuls, Vitalität, Abenteuer, Totalität, Genuss, Sinnlichkeit, Vergnügungssucht, Sexualität, Scham, Unbewusstes

Nabelchakra

Traditioneller Name: Manipura

Lage: hinter dem Nabel (Kshetra: am Nabel); anatomisch verwandt mit dem Solarplexus

Element: Feuer

Assoziierte Farbe: Gelb

Saat-Mantra: Ram

Tag der Woche: Mittwoch

Psychologische Aspekte: Wille, Individualität, Unabhängigkeit, Ehrgeiz, Intensität, Mut, Kontrolle, Wut

Herzchakra

Traditioneller Name: Anahata

Ort: hinter der Mitte der Brust, in der Mitte zwischen den beiden Brüsten (Kshetra: Mitte der Brust)

Element: Luft

Assoziierte Farbe: Grün

Saat-Mantra: Yam

Tag der Woche: Donnerstag

Psychologischer Aspekt: Emotionen, Beziehungen, Liebe, Bindung und Abhängigkeit, Verrat und Enttäuschung, Vergebung, Loslassen

Halschakra
Traditioneller Name: Vishuddhi
Ort: hinter der Kehlkopfgrube (Kshetra: vorne am Hals, an der Kehlkopfgrube)
Element: Äther
Assoziierte Farbe: Blau
Saat-Mantra: Ham
Tag der Woche: Freitag
Psychologische Aspekte: Kommunikation, Selbstdarstellung, Führung, Manifestation, Vision, Authentizität, Transparenz

Stirnchakra
Traditioneller Name: Ajna
Ort: hinter der Augenbrauenmitte (Kshetra: Mitte der Augenbrauen)
Element: Licht
Assoziierte Farbe: Lila
Saat-Mantra: Om
Tag der Woche: Samstag
Psychologische Aspekte: Intellekt, Klarheit, Einsicht, geistige Ordnung, Beseitigung, Aufmerksamkeit, Neugierde

Scheitelchakra
Traditioneller Name: Sahasrara
Ort: Mitte des Oberkopfes (Kshetra: keines)
Element: Kosmos; reines Licht und Quelle der Schöpfung
Assoziierte Farbe: Violett und Weiß
Saat-Mantra: Ah
Tag der Woche: Sonntag
Psychologische Aspekte: Geist, Meditation, Transzendenz, Zeitlosigkeit, Nichtanhaftung, göttliche Natur, Universalität

***

Da die Chakren sowohl direkt als auch indirekt beeinflusst werden, umfasst der siebentägige Chakra-Pfad einen mehrstufigen Ansatz, um jedes der sieben Chakren vollständig zu erwecken. Die Aktivitäten und Übungen – einschließlich Affirmationen und Mantras, Meditationen, psychologische Prozesse und die Auseinandersetzung mit relevanten Herausforderungen – aktivieren die Chakren energetisch, emotional, mental und spirituell. Zusammen bringen die Aktivitäten und Übungen die Chakren – und damit das Leben als Ganzes – in perfekte Harmonie.

Die Sieben-Tage-Woche und die Chakren

Unsere gesamte Lebenserfahrung beruht auf dem Übergang von einer Woche zur nächsten – einem festen, unveränderlichen Zyklus von sieben Vierundzwanzig-Stunden-Tagen, der als fester Eckpfeiler des Alltagslebens angenommen wurde. Der Soziologe Pitirim Sorokin schreibt: »Wir denken in Wocheneinheiten; wir begreifen die Zeit in Wocheneinheiten [...] Wir leben und fühlen, planen und hoffen immer in Wochen. Die Woche ist einer der wichtigsten Orientierungspunkte in der Zeit und in der Gesellschaft.«[6] Wenn wir aufwachen und uns sofort daran erinnern, welcher Tag heute ist, verlassen wir unsere persönliche Welt und nehmen am größeren Rhythmus der Welt teil.[7]

Interessanterweise liegt die Quelle dieses Zyklus in einer tiefen spirituellen Wahrnehmung und Intuition. Zunächst einmal spielte die Zahl Sieben in der Liturgie, den Ritualen, der Magie und der Kunst des alten Mesopotamiens eine große Rolle. Die alten Babylonier betrachteten das Universum als eine siebenfache Einheit, die von sieben Gottheiten regiert wurde. Schon bald wurden die Sieben-Tage-Intervalle zum Symbol für die Prinzipien der Ganzheit und Vollständigkeit, die als homogene, geschlossene Zeitabschnitte betrachtet wurden.[8]

Die frühen Bewohner Mesopotamiens hatten jedoch keine echte Sieben-Tage-Woche. Diese scheint ein spezifisch jüdischer Beitrag zu unserer Zivilisation zu sein. Irgendwann während ihres Exils, als die Juden mit den Bewohnern Mesopotamiens in Kontakt kamen und vielleicht ein wenig von ihnen inspiriert wurden, kamen sie auf die

Idee, alle sieben Tage den Sabbat (den siebten Tag) zu halten. Natürlich konnten sie sich dabei auf ihre Schöpfungsgeschichte stützen: Nach der biblischen Überlieferung war es Gott selbst, der diesen Zyklus schon ganz am Anfang praktizierte, mit sechs Schöpfungstagen, gefolgt von einem siebten Tag der erholsamen göttlichen Ruhe. Dies wurde zu einem der Zehn Gebote: »Sechs Tage sollst du arbeiten und alle deine Werke tun, aber der siebte Tag ist der Tag des Herrn, deines Gottes.«[9] Dem entsprechend ist das hebräische Wort *shavúa* (Woche) direkt mit dem Wort *sheva* (sieben) verwandt, und das Wort *Sabbat* (Samstag) wird übersetzt mit »von der Arbeit ablassen«.

Gehst du 400 Jahre weiter, findest du eine weitere Entwicklung des Sieben-Tage-Zyklus, der hier mit den sieben Planeten verbunden wird. Im Herzen der hellenistischen Welt, in Alexandria, ordneten die Astronomen die sieben Planeten in einer bestimmten, unveränderlichen Reihenfolge an. So entstand aus einer gelungenen Verschmelzung von Astronomie, Astrologie und Mathematik die astrologische Woche, die nur deshalb sieben Tage hatte, weil die Astronomen sieben Planeten kannten.

Die jüdische und die astrologische Woche entwickelten sich zwar völlig unabhängig voneinander, doch der glückliche Zufall ihrer identischen Länge brachte sie bald einander näher – was die Juden beispielsweise dazu brachte, den Sabbat schließlich auf den »Tag des Saturn« (Samstag) zu legen. Die astrologische Woche, die von Rom gegen Ende des ersten Jahrhunderts v. Chr. in der westlichen Welt eingeführt wurde, wurde schließlich von der Kirche, die das Evangelium des Sieben-Tage-Zyklus in der ganzen Welt verbreitete, mit der jüdischen Woche verschmolzen. Obwohl die Kirche die astrologische Assoziation der sieben Tage übernahm (sie war zu diesem Zeitpunkt bereits zu weit verbreitet, um sie übergehen zu können) behielt sie Samstag und Sonntag als geheiligte Tage der Woche bei. Die ersten Christen waren Juden, die den Sabbat am Samstag hielten, doch die Kirche führte in ihrem Bestreben, sich vom Judentum abzugrenzen, einen eigenen Wochenzyklus ein, dessen Höhepunkt der Sonntag war. Nach der gleichen Logik entschied sich Mohammed für den Freitag als höchsten Tag des Islam.

Vielleicht hat dir diese kurze Geschichte der Woche gezeigt, dass sie eine reine Erfindung des Menschen ist. Manche glauben fälschlicherweise, die Sieben-Tage-Woche sei aus dem natürlichen Mondlauf hervorgegangen. Der Mondmonat lässt sich jedoch nicht in perfekte Wochenblöcke mit ganzen Tagen unterteilen. Eviatar Zerubavel, Professor für Soziologie, erklärt, dass unsere Woche im Gegensatz zum Tag und zum Jahr ein künstlicher Rhythmus ist, der dazu dient, »aus der Bedingtheit der Natur auszubrechen und eine eigene künstliche Welt zu schaffen«.[10] Indem wir eine perfekte siebentägige Woche schaffen, organisieren wir die Regelmäßigkeit menschlicher Aktivitäten und gewährleisten eine soziale Organisation auf hohem Niveau.

Der Preis, den wir als Individuen dafür zahlen, ist jedoch hoch. Der Zweck der Woche ist rein funktional, ein sozialer und finanzieller Motor, der es möglich macht, regelmäßig Aufgaben zu erledigen und uns auf vorhersehbare Weise von einer Woche zur nächsten zu bewegen. Für die meisten von uns, die einen säkularen Lebensstil führen, ist sie weit von einem emotionalen, energetischen oder spirituellen Zyklus entfernt, völlig frei von seiner hervorragenden alten Bedeutung. Dies fühlt sich sicher nicht an wie die Einstellung auf einen ausgleichenden Rhythmus, und es fördert auch nicht die Fähigkeit, kreativ mit seiner Zeit umzugehen. Die allgemeine Erfahrung der Woche ist die einer ermüdenden Wiederholung und eines unaufhörlichen Voranschreitens, mit dem üblichen Gefühl des »Montagsblues« und der Vorfreude auf das Wochenende. José Argüelles, ein Forscher auf dem Gebiet der Kunstgeschichte und Ästhetik, hat dieses Problem erkannt und behauptet, dass die »künstliche Zeitfrequenz« die Menschheit von der Biosphäre abgekoppelt und so in die »Technosphäre« verlagert hat. Er war der Überzeugung, die Zeit sei der »universelle Faktor der Synchronisation« und meinte, die Erfahrung, nie genug Zeit zu haben, und die heutige allgemeine Meinung: »Zeit ist Geld«, seien das Ergebnis der Abkopplung von der wahren Natur des Menschen. Stattdessen schlug er vor, »Zeit ist Kunst« als neue Erfahrung einzuführen, und zwar auf Grundlage eines alternativen Kalenders, der teilweise vom Zeitkonzept der Maya inspiriert ist. Bezeichnenderweise hat auch er den Sieben-Tage-Zyklus beibehalten.[11]

Die Verbindung mit dem Kalender der Menschheit abzubrechen, dürfte ziemlich unpraktisch sein, aber vielleicht ist es an der Zeit, unsere Erfahrung der Woche mit tieferem Inhalt zu füllen und sie in einen größeren Zusammenhang zu stellen. Hier setzt das Chakra-System ein, mit seiner wunderbaren Möglichkeit, die Woche für immer zu verändern.

Genauso wie es andere Wochenzyklen gab – etwa die drei Zehn-Tage-Intervalle im alten China und Griechenland und bei den Maori in Neuseeland –, gab es auch andere Chakren-Systeme. Doch diese beiden Traditionen mit ihrem geheimnisvollen Siebener-Prinzip haben sich eindeutig durchgesetzt. Könnte es sein, dass die Woche von derselben Intuition geleitet wird, die uns dazu gebracht hat, uns für das Sieben-Chakren-System zu entscheiden, da beide Traditionen etwa zur gleichen Zeit entstanden sind? Beeindruckend ist zum Beispiel, dass die sieben Tage eigentlich 6 + 1 bedeuten – mit einem von der ganzen Woche geschiedenen Ruhetag. Genauso sind die sieben Chakren 6 + 1, weil das siebte Chakra eigentlich gar nicht als Chakra zählt. Genau wie der siebte Tag, ist das Scheitelchakra ein Ort der Ruhe. Das siebte Chakra ist die Heimat der Kundalini, wo der Zyklus von Wachstum und Entwicklung nicht mehr stattfindet.[12]

Es ist wahrscheinlich, dass das Sieben-Chakren-System sich aufgrund der spirituellen Intuition der Babylonier durchgesetzt hat, da die Sieben für Ganzheit und Vollständigkeit steht; dies schwingt in der Menschheit als universeller Code mit, der uns bei unserer Vervollkommnung helfen kann. Der Sieben-Tage-Zyklus *fühlt* sich vollständig an, und sieben Chakren scheinen die gesamte Bandbreite der Qualitäten, Fähigkeiten und Herausforderungen der Menschheit zu beinhalten.

II
Chakren und menschliche Bedürfnisse

Eine Möglichkeit, die Bedeutung und die transformative Kraft des siebentägigen Chakra-Pfades zu begreifen, besteht darin, die Vielfalt der menschlichen Bedürfnisse zu erkennen.

Einerseits sind Bedürfnisse vielleicht der einfachste Ausdruck unserer Chakra-Psychologie. Jeder weiß, wie sich Bedürfnisse anfühlen, denn wenn sie sich in uns melden, erleben wir sie körperlich, auch wenn es sich um emotionale oder spirituelle Bedürfnisse handelt. Ein Bedürfnis nach Wertschätzung zum Beispiel kann das Herz körperlich schmerzen lassen. Andererseits werden Bedürfnisse kaum verstanden, geschweige denn anerkannt und erfüllt.

Zu oft können Menschen nicht zwischen Bedürfnissen und Wünschen unterscheiden. Diese Unterscheidung ist jedoch grundlegend, denn solange du deine Bedürfnisse als Wünsche behandelst, wirst du nicht erkennen, wie wichtig sie sind. Schließlich sind Wünsche ein Luxus, während Bedürfnisse etwas sind, das man braucht – etwas, das man sich erfüllen *muss*.

Ein Bedürfnis ist Ausdruck eines bestimmten Teils von uns, der hungrig ist. Idealerweise arbeiten wir wie ein guter und liebevoller Gärtner, indem wir dafür sorgen, dass wir alle verschiedenen Aspekte unseres Wesens nähren. Wenn wir jedoch einen oder mehrere dieser Aspekte vernachlässigen, zeigen sie sich früher oder später in Form von Entbehrungen. So wie Hunger und Durst – zwei unserer grundlegendsten physischen Bedürfnisse – verspüren wir, wenn bestimmte Bedürfnisse unerfüllt bleiben, um Beipiel Hunger und Durst nach einer bestimmten Erfahrung, einem Gefühl oder einer Rückmeldung. Denke an Momente, in denen du eine lange, warme Umarmung, ein wundervolles Konzert oder eine tiefe Meditation erlebt und ausgerufen hast: »Das habe ich wirklich *gebraucht*!«

Dieses Gefühl der Entbehrung kann nach langer Zeit auftreten, wenn du einen Lebensstil hast, der sich auf die Befriedigung einiger Teile deines Wesens beschränkt und andere völlig außen vor lässt. Wenn du Tag und Nacht nur darum besorgt bist, die Erfolgsleiter zu erklimmen, wirst du wahrscheinlich dein Bedürfnis nach Genuss und Freizeit hinten anstellen und vielleicht sogar unterdrücken. Doch irgendwann bist du gezwungen, dich dem Schmerz der Deprivation zu stellen – der Erkenntnis, dass ein unverzichtbares Bedürfnis auf der Strecke geblieben ist.

Manchmal führt ein Leben mit ständigem Verzicht zu plötzlichen Veränderungen. Das ist das Gesetz der Extreme: Wenn man lange genug in einem Extrem lebt, nehmen die Entbehrungen so sehr zu, dass sie eines Tages in ihrer akutesten und verzweifeltsten Form hervorbrechen. Nehmen wir zum Beispiel Geschäftsleute, die sich über Nacht einem spirituellen Lebensstil zuwenden, oder fromme Menschen, die plötzlich alles hinter sich lassen und sehr weltlich und locker werden.

Wenn ein bestimmtes Vitamin oder ein bestimmter Mineralstoff in der Ernährung dauerhaft fehlt, führt dieser chronische Mangel schließlich zu Symptomen oder sogar zu Krankheiten.[13] In gleicher Weise wird jedes Bedürfnis, das bei deinem Lebensstil konsequent zu kurz kommt, zu körperlichen, emotionalen, mentalen oder spirituellen Ungleichgewichten führen. Dies ist eine zutiefst aufschlussreiche Tatsache, wenn man versteht, dass man mehr Bedürfnisse hat, als man dachte.

Als Mensch bist du ein komplexes Wesen, das aus vielen verschiedenen Schichten besteht, und jede Schicht hat ihre eigenen Bedürfnisse, die erfüllt werden müssen, um gesund zu bleiben. Hier helfen uns die Chakren sehr, indem sie unser vielschichtiges Wesen umfassend abbilden. Chakren fungieren nicht nur als Energiezentren, sondern auch als Repräsentanten der verschiedenen Facetten des Daseins. Sie sollten als Tore betrachtet werden, durch die wir mit Aspekten von uns selbst und der Welt um uns herum interagieren. Wenn wir alle sieben Chakren aktivieren, erleben wir das Leben in seiner Gesamtheit, von seinem materiellsten Ausdruck bis zu seinem spirituellen Kern. Auf diese Weise können wir zu voll verwirklichten Menschen werden, die alle Schlüssel der Schöpfung in den Händen halten, mit denen sie die sieben Türen zu unserem Selbst aufschließen können. Indem wir die Chakren auf diese

Weise nutzen, können wir die Komplexität unseres Wesens annehmen, ohne auch nur eine Dimension oder potentielle Erfahrung zu verpassen. Das ist es, was wir auf dem siebentägigen Chakra-Pfad tun.

Als Ausdruck der sieben Dimensionen unseres Seins enthalten die Chakren auch die Voraussetzungen für ihr optimales Funktionieren: Erfülle ihre Bedürfnisse, und sie werden zu einem blühenden Energiesystem, das Körper, Geist und Seele nährt. Der Mensch hat sieben Kategorien von Bedürfnissen. Wir haben definitiv mehr Bedürfnisse als die Grundbedürfnisse nach Nahrung, Wasser, Schlaf oder Unterkunft; wir brauchen auch Erdung, Freude, Kraft, Liebe und Ausdrucksmöglichkeiten, dazu Weisheit und Geist. Diese anderen, feineren Bedürfnisse erscheinen dir vielleicht zunächst nicht als wesentlich. Genau deshalb schieben wir sie auf die lange Bank und behaupten, dass wir nicht genug Zeit für sie hätten und dass sie auf einen imaginären Tag warten können, an dem wir plötzlich Zeit haben werden.

Es gibt viele Bedürfnisse, die von den Menschen als Formen kindlicher Bedürftigkeit missverstanden werden, die überwunden werden sollten. Wenn du nicht alle deine Bedürfnisse als berechtigt anerkennst, wirst du nie zur vollständigen Selbstverwirklichung gelangen. Aber selbst wenn du sie anerkennst, mag es dir wahnsinnig unrealistisch erscheinen, all diese Bedürfnisse innerhalb einer begrenzten Siebentagewoche zu erfüllen. Der Sieben-Tage-Chakra-Pfad konzentriert sich jeden Tag auf die Erfüllung einer Dimension des Seins, darum wird mit ihm die Erfüllung aller Bedürfnisse zu einer leicht zu bewältigenden Aufgabe.

Manche meinen vielleicht, das volle Ausmaß der menschlichen Bedürfnisse offenbare sich erst dann, wenn wir die grundlegendsten Bedürfnisse befriedigen. Erst dann könnten wir die »höheren« Aspekte erkennen, die sich nicht unbedingt von den Grundbedürfnissen einer befriedigenden menschlichen Existenz unterscheiden. Dies ist jedoch fragwürdig: Manchmal kann die Befriedigung von »Luxus«-Bedürfnissen sehr ausgleichend und nährend sein; eine emotional befriedigende Beziehung oder die Beschäftigung mit Schönheit und verschiedenen Künsten sollte nicht warten müssen, bis man finanzielle Sicherheit erlangt hat.

Alle Bedürfnisse, so sagen uns die Chakren, sind gleichzeitig in uns vorhanden – und nicht nur als ein Stufenweg zu immer größerer Verfeinerung. Zum Beispiel wird das Bedürfnis des Scheitelchakras nach Meditation von den meisten Menschen fortwährend übergangen. Doch sobald du dich darauf einlässt, erkennst du, wie sehr dies dein *Bedürfnis* nach innerem Frieden und Stille war und nicht nur dein *Wunsch* nach spiritueller Entwicklung. Dies ist vergleichbar mit einem Spurenelement, ohne das dein Körper nicht auskommt.

Maslows Hierarchie der menschlichen Bedürfnisse

Abraham Maslow, der Vater der humanistischen Psychologie, ist einer der meistzitierten Psychologen des zwanzigsten Jahrhunderts, vor allem wegen seiner bekannten Hierarchie der Bedürfnisse. Diese äußerst einflussreiche Theorie wurde erstmals 1943 in seinem Werk »A Theory of Human Motivation« vorgestellt. Maslow vertrat die Ansicht, die wahre Triebkraft des Menschen sei der Wunsch, bestimmte Bedürfnisse zu befriedigen, und sie entstehe aus dem Mangel, den er empfindet, wenn sie nicht befriedigt sind. Sobald ein Bedürfnis befriedigt sei, strebe der Mensch nach der Erfüllung des nächsten. Diese Suche treibe ihn an, sich von seinen Grundbedürfnissen zu den »höheren Bedürfnissen« des seelischen und spirituellen Wachstums zu entwickeln.[14]

Maslows früheste und am weitesten verbreitete Version umfasste fünf motivierende Bedürfnisse, die meist als hierarchische Ebenen in einer Pyramide dargestellt werden. An der Basis der Pyramide ist der Mensch motiviert, seine körperlichen Bedürfnisse wie Luft, Nahrung, Wasser, Unterkunft, Wärme und Schlaf zu befriedigen. Als nächstes folgt die Sicherheit, also Geborgenheit, Stabilität und Freiheit von Angst. Über dieser Gruppe von Bedürfnissen steht unser Bedürfnis nach Zugehörigkeit und Liebe, das oft durch die Gesellschaft von Freunden, Familie, Geliebten oder Kollegen befriedigt wird. Das letzte Grundbedürfnis ist das Selbstwertgefühl, das sich in unserem Streben nach Leistung, Meisterung, Unabhängigkeit, Anerkennung und Respekt ausdrückt. Wenn eines dieser Bedürfnisse zu lange unbefriedigt bleibt, so Maslow, wird das Bedürfnis, es zu erfüllen, stärker und schmerzhafter.

An der Spitze von Maslows ursprünglicher Pyramide stand ein Wachstumsbedürfnis, das er »Selbstverwirklichung« nannte. Dabei handelt es sich um das Bedürfnis eines jeden nach der kontinuierlichen Verwirklichung all dessen, was er als Potential in sich selbst wahrnimmt. Die Selbstverwirklichung konnte nur erreicht werden, wenn alle niedrigeren Bedürfnisse einigermaßen befriedigt sind. Jeder Mensch folgt dieser natürlichen Entwicklung, es sei denn, sein Fortschritt wurde durch die Nichterfüllung von Bedürfnissen der unteren Ebenen unterbrochen. Wenn du dich zum Beispiel scheiden lässt oder deine Arbeit verloren hast, kannst du zwischen den Stufen der Pyramide hin- und herpendeln.

Vereinfacht ausgedrückt, glaubte Maslow, dass man, wenn man einen vollen Magen hat, in einer sicheren Umgebung lebt, sich zugehörig fühlt und von anderen ausreichend respektiert wird, bald einen nicht-physiologischen Hunger nach Verwirklichung des persönlichen Potentials, nach Selbstverwirklichung, persönlichem Wachstum und Gipfelerlebnissen verspürt.

In den 1970er-Jahren erweiterte Maslow sein fünfstufiges Modell allmählich zu einem siebenstufigen und sogar zu einem achtstufigen Modell. Zunächst fügte er kognitive und ästhetische Bedürfnisse hinzu: das Bedürfnis nach Wissen und Bedeutung und das Bedürfnis nach Wertschätzung der Schönheit der Welt und der Schönheit, die in den verschiedenen Künsten zum Ausdruck kommt. Später fügte er transzendentale Bedürfnisse hinzu. Mit Transzendenz, dem Höhepunkt der menschlichen Entwicklung, meinte er, über egoistische Belange hinauszugelangen und die ganze Menschheit, andere Arten, die Natur und den Kosmos in das eigene Bewusstsein einzubeziehen. Es ist unser Bedürfnis nach einer Perspektive und einem Sinn, der über das Persönliche hinausgeht, das uns mit der positiven Kraft eines umfassenderen Bewusstseins erfüllen kann.[15] Maslows letzter Gedanke zu den menschlichen Bedürfnissen war, dass selbstverwirklichte Menschen auf ihrer Suche nach Ganzheit dieses höchste, feinste Bedürfnis nach einer mystischen Vision und dem Erlangen eines allumfassenden und mitfühlenden universellen Bewusstseins verspüren werden.[16]

Obwohl die Maslowsche Bedürfnispyramide als wichtiger Beitrag zu unserem Verständnis der menschlichen Entfaltung gut aufgenommen wurde, hat sie auch fundierte Kritik ausgelöst. Stimmt es zum Beispiel, dass die niederen Bedürfnisse befriedigt werden müssen, *bevor* ein Mensch sich selbst verwirklichen kann?[17]

Es gibt zahlreiche historische und kulturelle Beispiele, die uns zeigen, dass dies nicht immer der Fall ist. In Indien gibt es eine große Anzahl von Menschen, die in extremer Armut und Umweltunsicherheit leben und gleichzeitig Bedürfnisse höherer Ordnung wie Liebe, Zugehörigkeit und Selbsttranszendenz erfüllen. Einige Künstler, wie Rembrandt und van Gogh, lebten ihr ganzes Leben lang in Armut und erreichten dennoch ein hohes Maß an Selbstverwirklichung. Und der humanistische Psychologe Viktor Frankl war in der Lage, Sinn und Zweck im Leben zu finden, während er in einem Konzentrationslager saß.

Die menschlichen Bedürfnisse treten nicht immer geordnet und nacheinander auf, da wir vielschichtige Wesen sind, die über verschiedene Wahrnehmungs- und Erfahrungszentren verfügen, die alle gleichzeitig wirken und unsere Aufmerksamkeit erfordern.

Die Bedürfnispyramide entsprechend der sieben Chakren

Maslows Bedürfnishierarchie hat mich dazu inspiriert, eine chakrabasierte Bedürfnispyramide zu erstellen. Interessanterweise scheinen das achtstufige Modell, das Maslow schließlich entwickelte, und das Chakra-Modell der Bedürfnisse gar nicht so unterschiedlich zu sein, wenn ich sie nebeneinanderstelle:

- Körperliche und Sicherheitsbedürfnisse sind die des *Wurzelchakras.*
- Ästhetische Bedürfnisse sind die des *Sakralchakras.*
- Die Bedürfnisse nach Wertschätzung sind die des *Nabelchakras.*

- Soziale Bedürfnisse sind die des *Herzchakras.*
- Selbstverwirklichungsbedürfnisse sind die des *Halschakras.*
- Kognitive Bedürfnisse sind die des *Stirnchakras.*
- Die Bedürfnisse nach Transzendenz sind die Bedürfnisse des *Scheitelchakras.*

Wenn man darüber nachdenkt, scheint es, dass Maslows Modell intuitiv die Chakrentreppe der menschlichen Erfüllung erfasst hat! Das Wissen um die Chakren sagt uns, dass all diese körperlichen, emotionalen, mentalen und spirituellen Bedürfnisse aus diesen sieben Zentren oder Schichten des Seins stammen. Sogar Maslows Annahme, dass sich diese Bedürfnisse auf einer aufsteigenden Entwicklungsleiter fortbewegen, stimmt mit der traditionellen Sicht der Chakren überein. Nach der alten Auffassung von Chakren erklimmt man diese sieben Zentren wie Sprossen einer Leiter; das bedeutet, dass man die Lektion eines jeden Zentrums lernt und es dann hinter sich lässt, während man das Endziel im Auge behält – das ersehnte Scheitelchakra.

Sobald du aber die Chakren als verschiedene Teile deines Wesens wahrnimmst, die stetig und gleichzeitig genährt und aktiviert werden müssen, betrachtest du deine Bedürfnisse nicht mehr auf diese Weise. Die hier vorgestellte Bedürfnispyramide weicht sowohl von der Maslowschen Hierarchie als auch von der traditionellen Chakra-Leiter ab, da sie auf einer Lebensphilosophie beruht, nach der alle deine Bedürfnisse gleichzeitig berücksichtigt werden müssen. Keines deiner Bedürfnisse ist ein Luxus, und keines davon kann auf eine hypothetische Zukunft warten, in der du die anderen, dringenderen Bedürfnisse vollständig befriedigt hast.

Wenn du ausgeglichen und zufrieden sein willst, findest du hier eine Landkarte, mit der du die Quellen deines Glücks und Unglücks aufspüren kannst. Du brauchst nicht mehr zu raten. Wenn du dich unglücklich oder unausgeglichen fühlst, wirf einfach einen Blick auf dieses Modell und prüfe, welche Bedürfnisse du vernachlässigt hast. Alle diese Bedürfnisse, sowohl die materiellen als auch die feineren, machen dein gesamtes Wesen aus, von deinen menschlichsten Elementen bis zu dem erhabenen spirituellen Wesen, das du bist.

Es kann verwirrend sein, alle Bedürfnisse gleichzeitig zu befriedigen. Menschen finden oft widersprüchliche Stimmen und Wünsche in sich, jeder Teil zieht in eine andere Richtung. Der siebentägige Chakra-Pfad sorgt dafür, dass du dich um all diese Bedürfnisse kümmern kannst, und zwar auf eine Weise, die die Chakren beständig und zunehmend ins Gleichgewicht bringt und dich mit dem wachsenden Gefühl einer inneren Ganzheit erfüllt. Indem du deine Bedürfnisse befriedigst, bevor sie sich schmerzhaft Gehör verschaffen, werden sie dich nicht mehr in verschiedene Richtungen ziehen müssen, um wahrgenommen zu werden – sie werden »wissen«, dass du da bist, am anderen Ende der Leitung, und genau zuhörst. Schon deine Bereitschaft, zuzuhören, genügt, um diesen Prozess des inneren Ausgleichs in Gang zu setzen.

Deine Bedürfnisse, von der Wurzel bis zum Scheitel

Hier ist dein Bedürfnisspektrum nach dem Sieben-Tage-Chakra-Pfad. Sobald du auf dem Sieben-Tage-Chakra-Pfad bist, musst du dich nicht mehr an dieses Modell halten, denn du wirst es leben! Die Befassung mit diesem Modell kann dich jedoch sehr inspirieren und dir einen weiteren guten Grund geben, diesen Sieben-Tage-Zyklus zu deiner Lebensweise zu machen. So kannst du jeden Tag als Gelegenheit betrachten, eine bestimmte Reihe von Bedürfnissen zu erfüllen. So kannst du dir jeden Morgen vornehmen: »Heute erfülle ich mein Bedürfnis nach…«

Wenn du die folgenden Beschreibungen durchliest, kannst du bewerten, wie gut du diese Bedürfnisse derzeit in deinem Leben erfüllst, von 1 bis 100 Prozent. Es ist aufschlussreich, wenn du in ein paar Wochen zu diesem Abschnitt zurückkehrst und deine Prozentsätze erneut bewertest – dann siehst du, was sich verändert hat.

Bedürfnis des Wurzelchakras: Körperliche Stabilität

Ähnlich wie die ersten beiden grundlegenden Ebenen der Maslowschen Hierarchie beginnt das Chakra-Modell mit den körperlichen und Sicherheitsbedürfnissen des Wurzelchakras.

Das erste Chakra hat mit dem grundlegenden menschlichen Bedürfnis zu tun, festen Boden unter den Füßen zu haben. Du magst versucht sein, dieses Bedürfnis zu ignorieren, weil du glaubst, diese Stufe überwunden zu haben und dich in höheren Gefilden deines Seins zu befinden. Aber das Wurzelchakra ist keine vorübergehende Stufe – es ist ein wesentliches Erfordernis für die innere und äußere Sicherheit, deine Fähigkeit, auf die Verlässlichkeit der Lebenszusammenhänge zu vertrauen.

Die erste Komponente der körperlichen Stabilität heißt, sich auf den eigenen Körper verlassen zu können. Es ist möglich, den Lebensweg mit einem gebrechlichen, belasteten oder sogar kranken Körper zu beschreiten – und manchmal ist es leider unvermeidlich. Das hindert dich nicht unbedingt daran, ein reiches intellektuelles Leben oder eine tiefe Spiritualität zu kultivieren, aber wenn du dich in deinem Körper unwohl fühlst, ist das sehr viel schwieriger. Du brauchst deinen Körper so gut wie möglich an deiner Seite: gut genährt, ausgeruht, flexibel und belastbar.

Die zweite Komponente ist das Gefühl, dass man ein Zuhause hat, in das man zurückkehren kann, und zumindest einen Rahmen, dem man angehört. Dazu gehört ein Dach über dem Kopf, aber im weiteren Sinne auch eine gewisse Gruppenzugehörigkeit und Identifikation. Wenn gegeben, kann ein guter Familienzusammenhalt das Wurzelchakra sehr nähren.

Die dritte Komponente körperlicher Stabilität ist, wenn man sich auf die Abläufe und die Gegebenheiten in seinem Leben verlassen kann: das Gefühl, dass man gewöhnlich von einer gesunden Routine in einer relativ ruhigen, entspannten und unterstützenden Umgebung gehalten wird. Ein gutes Zeitmanagement, das sicherstellt, dass du dich um alle deine Bedürfnisse kümmerst, gehört zur Schaffung eines solchen Umfelds. Ein verlässlicher Lebensunterhalt ist ebenfalls ein wichtiger Bestandteil.

Der Montag, der Tag der Erdung, gilt der Erfüllung dieser Bedürfnisse des Wurzelchakras.

Bedürfnis des Sakralchakras: Lebensfreude

Das zweite Chakra muss von den Säften des Lebens genährt werden. Das Leben sollte eine angenehme Erfahrung sein, und es hat nichts mit heilig zu tun, wenn man diese Ebene in sich unterdrückt.

Dein Körper ist nicht bloß eine funktionierende Maschine, er muss sich lebendig, pulsierend und glücklich fühlen. Eine gesunde Sexualität ist wichtig, besonders, wenn sie mit körperlicher Intimität und Wärme einhergeht. »Gesund« bedeutet ein sinnliches Miteinander, das glücklich und liebevoll ist und nicht begehrlich oder zwanghaft, denn das würde das Sakralchakra durstig und unzufrieden machen.

Achte darauf, dass jede Woche von schönen Momenten durchzogen ist, etwa durch Begegnungen mit Kunst oder der Natur, aber auch von tiefen Freuden und angenehmer körperlicher Bewegung. Als Menschen sind wir nicht geschaffen, ununterbrochen endlose Routinen zu ertragen, darum sollten Gipfelerlebnisse – intensiv, aufregend, spielerisch und abenteuerlich – den festgefügten Zeitplan deines Wurzelchakras hin und wieder »unterbrechen«. Sogar freie, zweckfreie Atempausen und Zeit zu haben, ist eine Form einer gesunden Unterbrechung deiner Routine.

Letztlich erschöpft ein Leben ohne Freude am schöpferischen Tun dein zweites Chakra – ohne die leidenschaftliche, begeisterte Aktivierung deiner Vorstellungskraft und deines Erfindungsgeistes. Das muss nicht aufwendig oder auf ein bestimmtes Ziel gerichtet sein, es reicht auch, wenn du einfach nur zum Spaß malst oder ein Gedicht schreibst.

Der Dienstag, der Tag der Freude, gilt der Befriedigung dieser Bedürfnisse des Sakralchakras.

Bedürfnisse des Nabelchakras: Kraft und Zuversicht

Vielen ist es peinlich, sich einzugestehen, dass sie das Bedürfnis haben, sich stark zu fühlen. Diese Verlegenheit führt jedoch zu nichts anderem als zu schmerzhafter Unterdrückung. Das dritte Chakra sagt uns, dass wir uns innerlich stark, zuversichtlich und widerstandsfähig fühlen müssen, damit wir den Belastungen, Herausforderungen und manchmal auch Machtkämpfen im gesellschaftlichen Umfeld und in persönlichen Beziehungen standhalten können.

Eine weitere stärkende Rolle ist das Gefühl, klar umrissene Ziele und Absichten zu haben. Es ist wichtig zu wissen, dass du dich mit deiner gesamten Energie selbstbewusst auf eine selbst geschaffene Zukunft zubewegst. Entscheidend ist zudem, dass es dir gelingt, zumindest einige deiner Ziele zu erreichen.

Obwohl du natürlich nicht alle Ereignisse und Situationen im Leben kontrollieren sollest oder überhaupt kannst, musst du das Gefühl haben, dass du dein Leben »im Griff« hast und in der Lage bist, es durch deinen Willen und deine Entschlossenheit zu lenken. Wenn du nicht in der Lage bist, die Ereignisse in deinem Leben kreativ zu beeinflussen, bezeugt das einen Mangel im dritten Chakra.

Der Mittwoch, der Tag der Kraft, gilt der Erfüllung dieser Bedürfnisse des Nabelchakras.

Bedürfnisse des Herzchakras: Emotionale Zugehörigkeit

Unsere Herzen brauchen den wechselseitigen Fluss eines tiefen Austauschs mit anderen. Du darfst die Sehnsucht nach liebevollen Rückmeldungen von außen nicht als Ausdruck einer ungesunden Abhängigkeit betrachten. Die Erfahrung eines tiefgehenden emotionalen Austauschs – der nicht unbedingt romantisch sein muss – ist ganz grundlegend nährend, vor allem, wenn sie nicht nur das Empfangen, sondern auch das eigene aktive Geben einschließt. Wir alle brauchen die Anwesenheit einiger vertrauenswürdiger Menschen in unserem Leben, die uns das Gefühl geben, emotional dazuzugehören, und denen wir uns positiv verbunden fühlen. Ein ausreichendes Maß an Harmonie in deinen persönlichen Beziehungen ist ebenfalls unabdingbar, denn sonst bietet dir dein Umfeld nicht den dringend benötigten emotionalen Anker.

Ein menschliches Herz braucht das Gefühl, dass sein Beitrag zur Welt wichtig ist und einen Sinn hat. Das hat Viktor Frankl in seiner auf einen Sinn ausgerichteten Psychologie erkannt: Um seelisch Ganzheit zu erreichen, musst du in deinem Dasein einen Sinn erkennen und ihn bestimmen.[18]

Außerdem musst du das Gefühl haben, dass deine Bemühungen gewürdigt werden, also muss es ein unterstützendes und bestätigendes

Umfeld geben, das dich anerkennt. Du tust dein Bestes, auch wenn du scheiterst oder auf Abwege gerätst, und du brauchst andere (und dich selbst), um zu erkennen, dass deine Bemühungen etwas wert sind.

Der Donnerstag, der Tag der Liebe, gilt der Erfüllung dieser Bedürfnisse des Herzchakras.

Bedürfnisse des Halschakras: Authentischer Selbstausdruck

Es ist gut und richtig, wenn du möchtest, dass deine Stimme gehört und berücksichtigt wird und dass dein wirkliches Selbst in der Welt sichtbar wird. Das Sprechen über deine inneren Vorgänge gehört dazu, wenn du dich in der menschlichen Gesellschaft und Kultur einbringen willst. Wenn du deinen Selbstausdruck erstickst und verbirgst, was du wirklich fühlst oder denkst, unterdrückst du den lebenswichtigen Fluss von Teilhabe und gegenseitiger Beeinflussung.

Du musst all dem eine Stimme geben, an das du fest glaubst. Das bedeutet nicht, dass alle mit dir übereinstimmen und dir applaudieren müssen – im Gegenteil: Je mehr du dich zu äußern wagst, desto mehr setzt du dich Kritik und Widerstand aus. Wenn es auch nur wenige Menschen gibt, die bereit sind, dir zuzuhören und sich ernsthaft mit deinen Gedanken und Gefühlen auseinanderzusetzen, so ist das doch entscheidend.

Es ist wichtig, nicht nur Ideen und Gefühle auszudrücken, sondern auch Visionen, die schließlich zu einer greifbaren Realität in der Welt werden können. Es ist ungesund, in seiner inneren Welt zu verharren, so reichhaltig sie auch sein mag, und das darin verborgene Potential unausgeschöpft zu lassen. Zum Selbstausdruck gehört, inneren Visionen und Träumen eine Form zu geben, sei es in künstlerischem Ausdruck, einem geschäftlichen Unternehmen oder durch neue Wege, dein Leben und das Leben anderer zu verbessern und zu bereichern.

Der Freitag, der Tag des Ausdrucks, gilt der Erfüllung dieser Bedürfnisse des Halschakras.

Bedürfnisse des Stirnchakras: Geistige Klarheit

Um zu mentaler Klarheit und Ordnung zu gelangen, braucht der Mensch Zustände tiefer Stille. Ohne Stille entwickelt unser Verstand ein überaktives, zügelloses Denken, das sogar zu selbstzerstörerischen Verhaltensweisen führen kann. Meditation ist nicht bloß ein gutgemeinter Ratschlag; vielmehr ist Meditation ein Bedürfnis des menschlichen Geistes, das (leise) aus den Tiefen des sechsten Chakras ruft.

Wenn dein Verstand vernebelt, chaotisch und von Zweifeln geplagt ist, werden sowohl dein Körper als auch dein Geist desorientiert und anfällig für unterschwellige Einflüsse. Darum musst du deiner Beobachtungsgabe und deinem Urteilsvermögen vertrauen können. Du brauchst dein sechstes Chakra als Meister, der dein Wesen souverän lenkt. Deshalb ist es wichtig, jede Methode zu nutzen, die Geistesklarheit erhält und fördert – von der Ernährung über die Nahrungsergänzung bis hin zu mentalen Übungen.

Eine der wichtigsten Quellen für geistige Klarheit ist die Inspiration durch kluge Köpfe. Sich in Büchern und bei Vorlesungen mit ihnen auseinanderzusetzen, fördert deine Intelligenz und dein Vertrauen in deine mentalen Kräfte. Mehr noch, das Studium kluger Köpfe hilft dir, dein tiefes Bedürfnis nach geistiger Nahrung im sechsten Chakra zu befriedigen, die du durch höhere Formen von Wissen und Weisheit erhältst.

Der Samstag, der Tag der Weisheit, gilt der Erfüllung dieser Bedürfnisse des Stirnchakras.

Bedürfnisse des Scheitelchakras: Spirituelle Vereinigung

Die letzte Gruppe von Bedürfnissen kann mit Maslows Transzendenz gleichgesetzt werden, die an der Spitze auch seiner Hierarchie steht: unser überpersönliches subtilstes Bedürfnis.

Als Mensch, der sowohl das Göttliche als auch das Menschliche verkörpert, wirst du auf der Seelenebene so lange hungrig bleiben, bis du das Einssein mit der größeren Existenz erfährst. Es ist das feinste menschliche Bedürfnis, diese Art von Zugehörigkeit zu spüren, diesmal nicht zu einer gesellschaftlichen Struktur, wie im Wurzelchakra, sondern zum Universum und sogar zu Gott.

Ein fester Bestandteil des menschlichen Daseins ist die Erfahrung der Begrenzung: gefangen zu sein in der kleinen Box eines Glaubenssystems, in Konditionierungen und Denkmustern, in festgefügter Routine und in den Grenzen des menschlichen Körpers. Du wirst spüren, dass du dich manchmal aus dieser Kiste befreien und deine Flügel ausbreiten willst, um in die offenen und weiten Räume der Freiheit und Grenzenlosigkeit aufzusteigen. Du solltest wissen, dass du diese Möglichkeit hast, dich von Zeit zu Zeit von der Welt zurückzuziehen, und zwar nicht nur in der unbewussten Form des Tiefschlafs. Sonst kann sich leicht eine zunehmende Erstickung einschleichen, die ein unerklärliches Leiden und verschiedene Symptome körperlichen, emotionalen und geistigen Ungleichgewichts hervorruft.

Das letzte Bedürfnis des siebten Chakras besteht darin, sich mit einem Teil von dir zu verbinden, der unerschütterlich und unzerstörbar ist. Nur dein ewiger Geist kann dir dies gewähren: die Erfahrung, dass du trotz aller körperlichen Zerbrechlichkeit und Abhängigkeit im Grunde genommen ein göttliches Wesen bist, das sich in menschlicher Gestalt ausdrückt.

Der Sonntag, der Tag des Geistes, gilt der Erfüllung dieser Bedürfnisse des Scheitelchakras.

III
Chakra-Persönlichkeitstypen und der Sieben-Tage-Zyklus

Wenn du den siebentägigen Chakra-Pfad praktizierst, wirst du höchstwahrscheinlich feststellen, dass du dich zu bestimmten Tagen hingezogen fühlst, dich aber nur ungern auf andere einlassen magst. Ich wette, dass du beim Lesen der Beschreibungen und empfohlenen Aktivitäten für jeden Tag denkst: »Das tue ich ja!« oder »Das klingt gut!«, aber auch: »Ein ganzer Tag nur dafür?« und »Wie langweilig!« Es ist sogar wahrscheinlich, dass dir ein bestimmter Tag einschüchternd und herausfordernd erscheinen wird.

Warum ist das so?

Eine unmittelbare Antwort ist, dass die Tage, die du »weniger magst«, nicht Teil der dir innewohnenden persönlichen Struktur sind. Eine andere plausible Erklärung ist, dass dein Widerwille aus persönlichen Ungleichgewichten resultiert, die bestimmte hartnäckige Lebensgewohnheiten gebildet haben, die schwer zu ändern sind. Du kannst die Schuld auch auf den gesellschaftlichen, finanziellen und familiären Druck schieben, der dir das Gefühl gibt, du könntest es dir praktisch, emotional und geistig nicht leisten, mit solchen Dingen »Zeit zu verschwenden«.

All diese Antworten – und vielleicht noch andere, die dir in den Sinn gekommen sind – sind verschiedene Teile eines Puzzles. Und die ergeben ein großes Bild, das diese Teile und noch viel mehr enthält. Interessanterweise finden wir im Sieben-Chakren-System, das wir als Schlüssel zu einer ganzheitlichen und erfüllenden Lebensweise betrachten, auch den Schlüssel zur Erklärung dieser persönlichen Neigungen: die sieben Chakra-Persönlichkeitstypen.

Der Chakra-Persönlichkeitstyp ist ein sehr individueller Aspekt des Chakren-Systems. Die allgemein akzeptierte Anwendung des alten Chakren-Systems besagt, dass wir alle dazu bestimmt sind, unsere sieben Energiezentren zur vollen Öffnung und in Balance zu bringen.

Diese Schlussfolgerung ist nicht falsch. Da jedes Chakra eine wichtige Dimension unseres Wesens darstellt, können wir nur dann dauerhaften Frieden und Ganzheit erreichen, wenn alle sieben Dimensionen aufeinander abgestimmt zur Wirkung gelangen. In vielerlei Hinsicht kann der gesamte transformatorische und spirituelle Weg als Prozess des Ausgleichs und der Erweckung dieser sieben Zentren deines Wesens betrachtet werden. Genau darum geht es beim Sieben-Tage- Chakra-Pfad!

Doch bei aller Ausgeglichenheit erleben und äußern selbst hochentwickelte Persönlichkeiten unterschiedliche Vorlieben und Neigungen. Man kann sich vorstellen, dass jemand wie Mutter Teresa den Donnerstag, den Tag der Liebe, besonders mochte, und dass jemand wie Albert Einstein sich lieber den geistigen Freuden des Samstags, des Tages der Weisheit, hingab. Die Tatsache, dass wir alle unsere Chakren energetisieren, bedeutet nicht, dass es ein Zeichen von Schwäche oder Unausgeglichenheit ist, wenn einige von ihnen aktiver sind als andere. Im Gegenteil: Dies kann ein Hinweis auf die wunderbare Fähigkeit der Chakren sein, deine tiefste, eigentliche Persönlichkeit widerzuspiegeln – was ich die »Seelenprägung« nenne.

Obwohl wir alle mit sieben Zentren gesegnet sind, hat jeder von uns ein bestimmtes angeborenes und unveränderliches Design, das ein Chakra zum Leitbild unseres Charakters macht. Zwei weitere Chakren – ein sekundäres und ein unterstützendes – vervollständigen das Bild, indem sie ein Zusammenspiel von drei Hauptkräften schaffen, die unserer Persönlichkeit Gestalt geben.[19] Das bedeutet, dass deine persönliche Vorliebe für manche Tage und dein Wunsch, anderen aus dem Wege zu gehen, keine Fehler sind, die korrigiert werden müssen; du wirst dich offensichtlich an den Tagen am wohlsten fühlen, die deinem natürlichen Chakren-Design entsprechen, und gemischte Gefühle in Bezug auf die Tage haben, die nicht mit diesem Design in Resonanz sind.

Erinnere dich daran, dass Chakren Manifestationen der sieben Dimensionen des Lebens sind. Jedes ist wie ein Zugang, durch den wir uns mit der entsprechenden Dimension verbinden (Wurzelchakra–Erdung, Sakralchakra–Freude, Nabelchakra–Kraft und so weiter). Wir Menschen sind so beschaffen, dass wir uns mit drei Aspekten des

Lebens und des Universums mühelos verbinden können. Diese Tatsache ist entscheidend: Sie bestimmt deinen Lebenssinn und deine einzigartige Form des Glücks sowie deinen Ausdruck und deine Erfüllung in der Welt. Wir können und sollen nicht das gesamte Spektrum aller sieben Dimensionen leben; du bist dazu bestimmt, nur einige der sieben Dimensionen zu verwirklichen, aber auf möglichst ausdrucksstarke Weise.

Dies ist vielleicht die erste Botschaft der Chakra-Persönlichkeitstypen: Es gibt nicht nur ein Rezept für Glück, sondern sieben grundlegende (und 252 abgestufte Rezepte für Glück, wenn du jede Kombination von drei Chakren berücksichtigst!). Du magst von dem neuesten Bestseller über Glück und Selbstverwirklichung fasziniert sein, aber es ist nicht unbedingt *dein* Buch. Was *mein* Leben sinnvoll macht, entspricht vielleicht nicht unbedingt *deinen* Sinnfragen, und umgekehrt. Das liegt daran, dass die dir entsprechenden Neigungen und Leidenschaften sich aus den Dimensionen ergeben, zu denen du dich von Natur aus am meisten hingezogen fühlst. Nur wenn du ihnen treu bist, wirst du deinen einzigartigen Ausdruck im Leben finden können.

Dies ist das faszinierende Paradoxon, das wir in diesem Kapitel lösen müssen: Wie ist es möglich, deine vom Kosmos vorgegebenen Präferenzen zu respektieren *und* gleichzeitig diesen Sieben-Tage-Zyklus als deine ultimative Form der Selbstverwirklichung zu nutzen? Auch wenn dies zunächst wie ein unlösbares Rätsel erscheinen mag, werden die Antworten, die du am Ende des Kapitels erhältst, deine Erfahrung der Woche wahrscheinlich sogar noch verbessern und vertiefen.

Ein kurzer Überblick über die einzelnen Chakra-Typen

Eine einfache Möglichkeit herauszufinden, was deine drei stärksten Chakren sind, besteht darin, zu notieren, mit welchem der unten aufgeführten Chakren du dich beim ersten Lesen am wohlsten fühlst. Diese Selbstdiagnose kann durch die Lektüre der folgenden Übersicht über die sieben Persönlichkeiten vervollständigt werden. Wenn dich dieses Konzept anspricht oder wenn du das Gefühl hast, dass du ausführlichere Beschreibungen benötigst, lies mein Buch *Entdecke deine Chakra-Persönlichkeit.*

Wurzelchakra-Persönlichkeitstyp: Baumeister

Baumeister werden vom instinktiven und biologischen Zentrum im Wurzelchakra gelenkt. Sie verkörpern die Weisheit der physikalischen Welt und ihrer harmonischen Strukturen. Wie fortwährend beschäftigte Ameisen, bauen sie die Welt um sich herum auf, bringen Ordnung und streben danach, in ihrer Umgebung Frieden zu schaffen. Sie halten sich gerne an Gesetze, sind stolz auf ihre Traditionen und fühlen sich von Natur aus dazu hingezogen, die Vergangenheit zu bewahren und ihre Wurzeln zu ehren.

Als glühende Verfechter von festen Strukturen gehören sie gerne zu einer Gruppe und lieben das Familien- und Gemeinschaftsleben. Sie führen ein geregeltes Leben und bauen Stein auf Stein, um immer stabiler und solider zu werden. Da »Gott im Detail steckt«, schätzen sie die Bedeutung der kleinsten, alltäglichsten Details und technischen Einzelheiten. Sie interessieren sich nicht für das »Warum« der Dinge, sondern eher für das »Wie«: wie die Welt funktioniert und wie man sie noch besser machen kann.

Baumeister lieben Routine und können lange Zeit dasselbe tun. Sie sind fleißige, genaue, ernsthafte und zuverlässige Menschen. Sie können aber auch starr, überstrukturiert, teilnahmslos, langsam und lethargisch sein. Sie mögen keine Überraschungen oder plötzliche Veränderungen und meiden Risiken. Und sie können ängstlich und besitzergreifend sein und verteidigen ihr Revier.

Ihre Verwurzelung in der Welt schenkt ihnen Ausgewogenheit, Struktur und Erdung. Sie fühlen sich am wohlsten, wenn sie als Teil einer Struktur funktionieren, einer Gemeinschaft dienen und Zeit mit der Familie verbringen. Energiespendende Aktivitäten und Nahrungsmittel können ihnen guttun, ebenso etwas mehr Ruhe, die Annahme von Veränderungen und ein gewisses Maß an Humor.

Sakralchakra-Persönlichkeitstyp: Künstler

Künstler werden von dem Impulszentrum im Sakralchakra gelenkt. Sie verkörpern dieses Chakra der Freude, der Gefühle und der Leidenschaft, das tief mit den Säften und Farben des Lebens verbunden ist. Für sie ist das Leben ein Spielplatz – ein Ort für Gipfelerlebnisse und Experimente. In der Überzeugung, dass das Leben immer aufregend sein muss, flattern sie über den verschiedenen Erfahrungen des Lebens wie Schmetterlinge. Sie sind wahre Liebhaber des Lebens, angefüllt mit sprudelnder Lebenskraft, aber ihre Energie ist wie eine Fackel: intensiv und kurzlebig. Daher leben sie nur im Jetzt und schenken langfristigen Zielen und Verpflichtungen keine große Aufmerksamkeit.

Für Künstler ist alles entweder interessant oder langweilig. Sie erleben ständig Höhen und Tiefen, tiefe Freuden und tiefe Niedergeschlagenheit, leben chaotisch und ohne klare Orientierung. Sie besitzen eine künstlerische und poetische Seele, die mehr als jede andere in der Lage ist, die ganze Bandbreite der Gefühle zu leben. Sie werden von Schönheit angezogen, und ihre Sinne sind hellwach. Sie nehmen die Welt durch ihren Körper wahr und beurteilen den Wahrheitsgehalt von Wissen und Ideen nach ihrem Bauchgefühl. Im Umgang miteinander sind sie gesprächig, humorvoll und intim, aber auch ichbezogen und unzuverlässig. Wie Peter Pan, der ein Kind bleiben und niemals alt werden möchte, fürchten Künstler das Erwachsenwerden und drücken sich vor Verpflichtungen. Als großherzige Menschen, die Struktur und Disziplin verabscheuen, bestehen sie darauf, sich im Leben frei zu bewegen. Tief im Inneren können sie manchmal traurige Clowns sein.

Künstler lehren uns, wie man tief fühlt und erlebt und wie man ein Leben voller Leidenschaft führt. Erfüllung erfahren sie durch künstlerischen und körperlichen Ausdruck. Ihr Gleichgewicht erreichen sie, indem sie Unordnung, Launenhaftigkeit und destruktives Verhalten abbauen und lernen, zu lieben und sich zu binden.

Nabelchakra-Persönlichkeitstyp: Macher

Erfolgreiche Menschen werden vom Willenszentrum im Nabelchakra beherrscht. Sie verkörpern dieses feurige Chakra, das den Grad der inneren Kraft, der Entschlossenheit und der Willensstärke eines jeden Menschen bestimmt. Sie strotzen vor zielgerichteter Energie und sind im Grunde ihres Herzens äußerst wettbewerbsfähige und kompromisslose Gewinner. Für sie ist das Leben ein Potential, das sich erfüllt, indem sie die Höchstmarken festlegen, die es wert sind, erreicht zu werden. Sie leben von einer Leistung zur nächsten und suchen nach Zielen, die sie auszeichnen und mit denen sie andere übertreffen. Sie sind Krieger, die das Leben als ein Machtspiel wahrnehmen und es lieben, sich selbst zu überwinden. Sie sind immer beschäftigt und genießen es, einen engen Zeitplan zu haben; manchmal betrachten sie die Nächte als unerwünschte Unterbrechung.

Macher sind mit großer strategischer Intelligenz ausgestattet. Aber oft verleitet ihre überbordende Energie sie, etwas nur um des Erreichens willen zu tun, während sie innerlich unzufrieden sind und immer mehr wollen. Ihre alleinige Ausrichtung auf ihre Ziele kann sie gefühllos, kontrollierend, aggressiv und arrogant machen. Dies kann ihren Beziehungen schaden, da sie die Gefühle anderer missachten.

Diese Persönlichkeit kann andere inspirieren, ihre eigenen Ziele zu suchen und zu finden – unbeirrt auf die Selbstverwirklichung und den Sieg hinzuarbeiten, auch wenn dies die Überwindung von selbst festlegten Grenzen erfordert. Macher erfüllt es, wenn sie ihre arbeitswütige Natur ausleben und sich klare Ziele setzen und für sie einstehen. Allerdings sollten sie ihren Ehrgeiz auf das Allgemeinwohl richten und Mitgefühl für die Bedürfnisse anderer entwickeln. Sie sollten auch darauf achten, keinen zu einseitigen Lebensstil zu führen und ihre Energien nicht zu verschleißen; dies gelingt ihnen am besten, wenn sie sich immer wieder einmal entspannen und die Arbeit Arbeit sein lassen.

Herzchakra-Persönlichkeitstyp: Fürsorger

Fürsorger werden von ihrem emotionalen Zentrum im Herzchakra geleitet. Sie verkörpern dieses Chakra der Beziehungen, das sich auf die emotionale Interaktion zwischen »mir« und »dem anderen« konzentriert und auf das Bestreben, aus zwei eins zu machen. Fürsorgern ist Liebe die einzige Erfüllung. Sie streben leidenschaftlich danach, Gegensätze zu vereinen und stets eine gemeinsame Basis zu finden. Ihr Geist ist von Natur aus mit ihren Beziehungen beschäftigt. Bei Streitigkeiten geht es ihnen nicht darum, wer im Recht ist, sondern um die Auflösung der Disharmonie. Sie sind milde, sanfte, friedliebende und ruhige Charaktere, die gerne die Kommunikation von Herz zu Herz pflegen. Zugleich sind sie unheimlich optimistisch und naiv und glauben, die Menschen seien von Natur aus gut. Sie fühlen sich zum Dienen und zu mitfühlendem Handeln hingezogen.

Fürsorger finden ihre Erfüllung fast immer in einem bestimmten Partner, dem sie sich vollkommen hingeben. Als solche sind sie emotional abhängig, weil sie die Zustimmung des anderen brauchen, um ihr Daseinsrecht bestätigt zu bekommen. Sie haben ein tiefes Bedürfnis, geliebt zu werden; manchmal dienen sie (und opfern sich sogar auf), nur um emotional anerkannt zu werden. Sie können eifersüchtig, selbstsüchtig, fordernd, überempfindlich und sogar egozentrisch sein. In der Regel haben sie nicht genügend eigenen Antrieb oder Ehrgeiz.

Fürsorger zeigen die Bedeutung des Herzzentrums im menschlichen Leben und die Notwendigkeit, Nähe, Akzeptanz, Mitgefühl und Empathie zu kultivieren. Es erfüllt sie, wenn sie Heiler oder Friedensstifter sein können, Menschen zusammenführen und Hoffnung in deren Leben bringen und einem höheren Ziel dienen. Sie erreichen ihr Gleichgewicht durch die Beruhigung ihrer heftigen Gefühle und indem sie Unabhängigkeit entwickeln und Wege für Liebe und Nähe jenseits des ultimativen Partners finden.

Halschakra-Persönlichkeitstyp: Redner

Redner werden vom Kommunikationszentrum im Halschakra gelenkt. Sie verkörpern dieses Chakra des Ausdrucks, das durch Worte und andere Kommunikationsmittel Brücken zwischen unterschiedlichen Welten schlägt. Für Redner ist die Welt ein Ort der Beeinflussung, eine Gelegenheit, ihre inneren Wahrheiten und Werte wirksam zum Ausdruck zu bringen. Sie suchen leidenschaftlich nach Wegen, die Welt zu verändern, indem sie inspirierende Ideen verbreiten. Sie leben in Visionen von weit entfernten Zukünften und in Träumen, die größer sind als das Leben. Es erfüllt sie am meisten, wenn sie das Leben anderer Menschen verändern, und sie stehen gerne vor einem Publikum. In der Interaktion sind sie weniger an Nähe als vielmehr daran interessiert,

Menschen dazu zu bringen, ihre Überzeugungen und ihre Führung zu akzeptieren. Als gute Verkäufer wissen sie die Bedürfnisse anderer zu erkennen. Sie können charismatische Erzieher und Lehrer, Vertreter von Systemen und Schöpfer von Netzwerken und Organisationen sein.

Redner sind oft undurchsichtige Persönlichkeiten: Wie Chamäleons passen sie sich an jede Umgebung an. Sie können manipulativ, selbstgerecht, gefühllos und kontrollierend sein, weil alles nach ihrem Plan ablaufen muss. Große Träume können leicht in Träumerei umschlagen, da sie sich auf ihre Vision ausrichten, ohne die kleinen und realistischen Schritte zu ihrer Verwirklichung zu tun. Sie können auch faul sein und andere dazu bringen, ihre Arbeit zu machen.

Redner inspirieren uns, Träume zu wagen – und größere Visionen zu entwickeln und an ihnen festzuhalten. Es erfüllt sie, Lehrer zu sein, das Leben anderer Menschen zu beeinflussen und Verbindungen zwischen verschiedenen Menschen und Denkweisen herzustellen. Sie können ins Gleichgewicht kommen, indem sie lernen, weniger kontrollierend und flexibler zu sein. Sie müssen auf die Gefühle der Menschen achten und sich auch einmal von anderen beeinflussen lassen.

Stirnchakra Persönlichkeitstyp: Denker

Denker werden vom intellektuellen Zentrum gelenkt, das sich im Stirnchakra befindet. Sie verkörpern dieses Chakra der Weisheit, das uns befähigt, die verborgene Wirklichkeit, die Mysterien des Lebens zu erkennen. Für Denker ist das Leben ein aufregendes Rätsel, das es zu entschlüsseln gilt. Ihr größtes Glück liegt in der Einsicht und im Verstehen, und so sind natürlich Bücher ihre engsten Gefährten. Sie leben in ihren Köpfen, und ihre Lebenserfahrung konzentriert sich auf den Reichtum ihrer Gedanken. Sie sind Beobachter der menschlichen Welt und hören ihr zu, und sogar ihre eigenen emotionalen Erfahrungen sind Gegenstand der Forschung. Das macht sie zu guten Wissenschaftlern und Philosophen, die sich für das »Warum« der Dinge interessieren. Denker suchen nach einem »Bild des Ganzen«, das die größten Fragen des Lebens klären kann. Sie sind brillant, originell und tiefgründig. Sie sind starke Persönlichkeiten, die Menschenmengen und die

Mentalität der Massen meiden und problemlos tagelang ohne Ablenkung allein in einem Raum bleiben können.

Als vom Körper losgelöste Beobachter des Lebens sind Denker nie wirklich anwesend. Sie sind im Umgang mit der Realität ziemlich hilflos und tun alles, um sich nicht zu sehr einzumischen. Denken ist für sie wie Erleben. Sie sind emotionslos und ungesellig und können überaus kritisch und arrogant sein.

Denker offenbaren uns die Wonne tiefen Denkens und die Schönheit und das Potential eines reflektierenden und neugierigen Geistes. Sie sollten nicht auf jene hören, die ihnen sagen, sie sollten ihren Kopf verlassen und anfangen zu leben – ihre Erfüllung liegt in den Bereichen der reinen Forschung, abseits von Menschen und weltlichem Trubel. Dennoch sollten sie manchmal das Haus verlassen, um in die Natur einzutauchen, sich körperlich zu betätigen, soziale Kontakte zu pflegen und spontane Erfahrungen zu machen, ohne nachzudenken.

Scheitelchakra-Persönlichkeitstyp: Yogi

Yogis werden vom spirituellen Zentrum im Scheitelchakra beherrscht. Sie verkörpern dieses Chakra der Transzendenz, das die Menschen mit dem Unendlichen jenseits der vergänglichen Welt der Form verbindet. Für Yogis ist das Leben nichts anderes als ein Spiel des Geistes. Ihre Rolle darin ist, sich von irdischen Fesseln zu befreien und in ihre wahre Heimat zurückzukehren. Diese seltene Persönlichkeit ist ausschließlich an innerer Arbeit interessiert. Sie fühlen sich leidenschaftlich zu den verborgenen Bereichen des Bewusstseins und zu den energetischen und astralen Ebenen hingezogen. Sie betrachten das weltliche Leben als Ablenkung, als Prüfung für die Seele, die sich nach Befreiung sehnt. Das macht ihre Meditation natürlich und mühelos. Yogis finden sich oft unter Priestern, Mönchen und Asketen. Wenn sie einen konventionellen Lebensstil führen, machen sie ihr Zuhause zu ihrer Höhle. Sie sind arglos und sanft und besitzen eine offene Persönlichkeit. Sie sind nicht besitzergreifend, von Natur aus nicht anhaftend und ohne klaren Willen und Antriebe. Sie sind schlicht und anspruchslos und fühlen sich in bestehenden Traditionen wohl.

Diese Offenheit macht Yogis jedoch verletzlich und überempfindlich. Da sie die Anforderungen des menschlichen Lebens als Belastung empfinden, versuchen sie, allen Konflikten und Herausforderungen aus dem Weg zu gehen, und es fällt ihnen schwer, sich in Arbeit und Beziehungen einzubringen. Sie hoffen, dass andere die Arbeit für sie erledigen, was oft in Armut und Abhängigkeit endet. In gewisser Weise sind sie verwirrt und desorientiert, wenn sie sich nicht in Ashrams und Klöstern aufhalten.

Yogis ermutigen uns, manchmal aus dem Hamsterrad auszusteigen, in Meditation und Stille zu gehen und mit der unvergänglichen Essenz des Lebens in Verbindung zu treten. Sie sind erfüllt, wenn sie ihrer inneren Berufung folgen und sich auf das Göttliche und die innere Arbeit konzentrieren. Sie sollten jedoch ein Gleichgewicht finden, indem sie zwar den spirituellen Wert des Lebens schätzen, dabei aber geerdet bleiben und gewisse Verantwortungen übernehmen.

***

Vielleicht hast du dich in einer, zwei oder sogar drei dieser Beschreibungen wiedergefunden. Das kommt einem normalerweise wie ein inneres Lächeln der Selbsterkenntnis vor, das sich in deinem Wesen ausbreitet. Denke daran, dass niemand von uns zu hundert Prozent einem Typ entspricht – deine Kernpersönlichkeit ist eine Mischung aus drei Chakren in unterschiedlicher Intensität. Wenn du die Typen, in denen du dich identifizieren kannst, mit den Tagen kombinierst, an denen du dich besonders wohlfühlst, wirst du höchstwahrscheinlich zu deiner einzigartigen Drei-Typen-Struktur kommen.

Der folgende Fragebogen wird dir helfen, deinen Chakra-Typ zu bestimmen.

Identifiziere deinen Chakra-Persönlichkeitstyp: Ein Fragebogen

Dieser Fragebogen enthält fünfundzwanzig Fragen. Für jede Frage gibt es sieben mögliche Antworten, aufsteigend von a) (Wurzelchakra) bis zu g) (Scheitelchakra). Du darfst dir zu jeder Frage eine oder zwei zutreffende Antworten auswählen.

Die Zahlen, die am häufigsten wiederholt vorkommen, sind deine drei stärksten Chakren in der entsprechenden Reihenfolge. Wenn du zum Beispiel fünfzehnmal die Antwort »c«, zehnmal die Antwort »a« und neunmal die Antwort »d« gewählt hast, bist du wahrscheinlich der Nabelchakra-Persönlichkeitstyp, der Macher, dein sekundärer Typ wäre der des Erbauers und der unterstützende Typ der Fürsorger.

Obwohl dies vielleicht nicht das vollständige Bild deiner Chakratyp-Konstitution ist – manchmal erfordert dieser Prozess eine etwas gründlichere Innenschau –, können dir die Ergebnisse sicherlich wichtige Anhaltspunkte geben.

1. Wähle die Aussage, mit der du dich am meisten identifizieren kannst.

a) Die Welt ist eine Gelegenheit, etwas Solides aufzubauen – umsichtig und geduldig Stabilität, Halt und Seelenfrieden zu schaffen.
b) Die Welt ist ein Feld unendlich vieler spannender Abenteuer, nd ich bin hier, um sie alle zu erleben und hoffentlich nichts zu verpassen.
c) Die Welt ist eine Chance, das Beste aus mir herauszuholen, eine Erfolgsgeschichte zu schreiben und als Sieger hervorzugehen.
d) Die Welt ist ein Raum der emotionalen Bindung, und ich bin hier, um mein höchstes Liebespotential zu entfalten.
e) Die Welt ist eine Gelegenheit, die eigene Mission zu verbreiten, meine wahre Stimme zu erheben und das Leben anderer zu beeinflussen.
f) Die Welt ist ein Raum des unendlichen Lernens und des Wissens, und meine Aufgabe darin ist, meine Intelligenz und mein Verständnis so weit wie möglich zu erweitern.

g) Die Welt ist eine Gelegenheit für eine tiefe innere Arbeit zur spirituellen Befreiung und Transzendenz.

2. Was würdest du sagen, ist der aktivste Teil von dir?

a) Der irdische, geerdete und instinktive Teil meines Wesens.
b) Meine Gefühle, Impulse und die Intelligenz meines Körpers.
c) Meine Willenskraft und mein Ehrgeiz.
d) Meine tiefe Gefühlswelt.
e) Meine Stimme, mein Ausdruck, meine Kommunikation.
f) Mein Verstand und mein Intellekt.
g) Der spirituelle Teil meines Wesens.

3. Welches Bild gibt dir sofort das Gefühl, am richtigen Ort zu sein?

a) Ein schönes Haus mit Garten und fruchtbares Land.
b) Jemand, der in einem tranceartigen, ekstatischen Zustand auf einer Naturparty tanzt.
c) Einen Berggipfel erklimmend, den Gipfel vor Augen.
d) Die Hände zweier Menschen, die sich umschlingen und streicheln.
e) Ein Redner in einem großen Hörsaal vor einer großen Menschenmenge.
f) Eine Bibliothek und ein einsamer Schriftsteller, der dort sitzt und in seiner Welt versinkt.
g) Ein Mönch in tiefer Meditation.

4. Die ideale Art, mein Wesen mit anderen zu teilen, ist…

a) mit meinen Fähigkeiten und Fertigkeiten den Bedürfnissen meiner Familie und meiner Gemeinschaft zu dienen.
b) Spaß zu haben, Ekstase zu teilen, zu tanzen und körperliche und sinnliche Freude zu erleben.
c) das Streben nach einem gemeinsamen Ziel mit Entschlossenheit und ohne Anstrengungen zu scheuen.
d) ein persönlicher und intimer Austausch unter vier Augen, bei dem wir einander unser Herz öffnen.

e) andere anzuleiten oder mit ihnen eine große Vision zu entwickeln und auszuarbeiten.
f) mich auf eine tiefgründige philosophische Diskussion mit einem nachdenklichen Menschen einzulassen.
g) meditieren, beten und einfach mit anderen spirituell orientierten Menschen zusammen zu sein.

5. Am liebsten verbringe ich meine Zeit…

a) mit kleinen Vorhaben, die das Leben in Ordnung und in einen Ausgleich bringen.
b) mit Bewegung im Freien, den Augenblick tief in meinem Wesen aufnehmend.
c) damit, sicherzustellen, dass alles, was ich tue, mich meinem Ziel näherbringt.
d) damit, anderen zu helfen und dafür zu sorgen, dass sie glücklich sind.
e) mit dem Schreiben oder Aufnehmen von Inhalten, die das Leben von Menschen verändern.
f) damit, mich in das Buch eines großen Philosophen zu vertiefen.
g) mit dem Anschauen eines Videos eines spirituellen oder religiösen Lehrers.

6. Seit meiner Kindheit besteht meine Hauptverbindung mit der Welt…

a) in der Suche nach Zugehörigkeit und nach meiner Rolle in der Welt.
b) in Verspieltheit und Experimentierfreude.
c) im Gewinnen verschiedener Wettbewerbe und auf Plattformen.
d) in starken Gefühlen gegenüber bestimmten anderen.
e) darin, andere auszubilden und zu führen.
f) im Beobachten aus der Ferne und in stillem Studium.
g) in Abgeschiedenheit und Fremdheit.

7. Andere würden sagen, ich sei…

a) sorgfältig, ernsthaft, verantwortungsbewusst, vorsichtig und genau.

b) sprunghaft, intensiv, leidenschaftlich, humorvoll und immer auf der Suche nach einer neuen Erfahrung.
c) ehrgeizig, engagiert, zielstrebig, fleißig und wettbewerbsorientiert.
d) gefühlvoll, sensibel, fürsorglich, hilfsbereit und gutherzig.
e) wissbegierig, kontrollierend, intensiv, idealistisch und ausdrucksstark.
f) weise, still, oft abwesend, tief und wach.
g) spirituell, introvertiert, nicht geerdet, sanft und abgehoben.

8. Im Herzen bin ich ein...
a) harter Arbeiter.
b) Tänzer.
c) Krieger.
d) Liebender.
e) Kommunikator.
f) Philosoph.
g) Meditierender.

9. Ich bin...
a) langsam und vorsichtig.
b) schnell und unvorsichtig.
c) hartnäckig und drängend.
d) mild und harmonisch.
e) intensiv und fesselnd.
f) distanziert und wachsam.
g) verträumt und abgehoben.

10. Wähle das Wort, auf das du am stärksten reagierst.
a) Grundlage.
b) Leidenschaft.
c) Sieg.
d) Liebe.
e) Vision.
e) Weisheit.
f) Stille.

11. Welches Gebäude klingt für dich am interessantesten und eindrucksvollsten?

a) Ein Museum für Alte Geschichte.
b) Ein Gaudí-Gebäude.
c) Ein Wolkenkratzer.
d) Ein Heim für die Armen.
e) Eine Kongresshalle.
f) Eine Universität.
g) Ein Aschram oder ein Kloster.

12. Wenn ich diese Welt verlasse, möchte ich wissen, dass...

a) ich meiner Familie, der Gemeinschaft und den Menschen geholfen und einen Beitrag geleistet habe.
b) ich das Leben voll und ganz erfahren und mich vollkommen darauf eingelassen habe.
c) ich die höchsten Ziele erreichen konnte, die ich mir gesetzt habe.
d) ich genug geliebt habe.
e) ich ein Vermächtnis von Einfluss und Wirkung hinterlasse.
f) ich einige der verborgenen Geheimnisse des Lebens verstanden habe.
g) ich meinen innersten Geist erlebt habe.

13. Welche dieser negativen Eigenschaften kennzeichnet dich am besten?

a) übervorsichtig
b) unverbindlich
c) zornig
d) bedürftig
e) kontrollierend
f) überheblich
g) distanziert

14. **Was empfindest du, wenn du die folgende Aussage liest? »Ich liebe es, mich mit Details zu beschäftigen – mit Berechnungen und Zahlen, Materialien und genauer Planung, Informationen und Zeitplänen.«**

a) Ja, unbedingt!
b) Nein, wenn ich mich mit Details beschäftigen muss, möchte ich mich dem entziehen. Ich liebe es, nichts zu tun!
c) J a, aber nur, wenn mich das zu einem erstrebenswerten Ziel führt.
d) Ja, aber nur, wenn es mir hilft, jemandem zu helfen, den ich liebe.
e) Nein, ich würde mich lieber auf meine Vorstellungskraft verlassen.
f) Nein, kleine Details haben weder Intelligenz noch Tiefe.
g) Nein, das irdische Leben hat keine spirituelle Bedeutung.

15. **Wenn eine überwältigende negative Emotion in mir hochkommt…**

a) tue ich alles, um mich zu beruhigen und mich wieder in den Griff zu bekommen.
b) werde ich eins mit ihr, erlebe sie ganz und gar und kehre schnell zur Freude zurück.
c) lasse ich es an meiner Umgebung aus.
d) werde ich von ihr überwältigt, und es fällt mir schwer, sie in Harmonie zu verwandeln.
e) versuche ich, sie zu kontrollieren und zu ersticken.
f) untersuche ich es sie wie ein Wissenschaftler.
g) meditiere ich.

16. **Wie sehr magst du Veränderung und Mobilität im Leben (im Gegensatz zu Routine und Beständigkeit)?**

a) Starke Veränderungen sind für mich ungesund und bringen mich aus der Ruhe. Ich bevorzuge einen langsamen und schrittweisen Aufbau.
b) Veränderung ist mein zweiter Vorname. Ich bin allzeit bereit und kann Routine nicht ausstehen!

c) Ich mag Unterbrechungen nicht, aber ich weiß, wie ich sie in meine Pläne einbauen kann.
d) Ich habe kein Problem mit Veränderungen, solange ich alle meine Lieben um mich haben kann.
e) Ich bin verwirrt, wenn sich Dinge ändern und mit meinem Traum kollidieren.
f) Ich ziehe es vor, mir eine Routine zu schaffen, die es mir erlaubt, frei in mein Gedankenleben einzutauchen.
g) Ich stoße keine Veränderungen an, aber ich kann sie akzeptieren, wenn sie Gottes Wille sind.

17. Wie würdest du deinen Energietyp und dein Energieniveau beschreiben?
a) Langsam und beharrlich wie Glut.
b) Rasch, schnell und körperlich wie eine Fackel.
c) Massiv und kompromisslos wie ein Bulldozer.
d) Sanft und weich wie eine Brise.
e) Intensiv und wach.
f) Hauptsächlich in meinem Kopf, nicht so sehr körperlich.
g) Luftig wie ein Schwebezustand.

18. Ich fühle mich am lebendigsten, wenn…
a) es mir gelingt, den inneren Mechanismus einer Sache zu begreifen.
b) ich mich in einer kreativen Phase befinde.
c) ich es schaffe, Hindernisse aus dem Weg zu räumen und einen Schritt voranzukommen.
d) ich Intimität und Verbundenheit empfinde.
e) ich es schaffe, das Leben anderer zu beeinflussen und auf es einzuwirken.
f) ich brillante neue Einsichten habe.
g) ich es schaffe, in tiefe Bewusstseinszustände zu gelangen.

19. Wie fühlst du dich, wenn du die folgende Aussage liest? »Ich will die Welt verändern!«

a) Meine Ambitionen sind nicht so groß. Ich möchte wissen, dass ich anderen und der Gesellschaft im allgemeinen nütze.
b) Weit gefehlt. Ich möchte einfach ich selbst sein und mich kreativ und authentisch ausdrücken.
c) Ich will die Welt *erobern*!
d) Ich verbreite einfach Liebe von ganzem Herzen. Was auch immer geschieht, geschieht.
e) Ja, ich träume davon, durch die Verbreitung meiner Ideen, Visionen und Kreationen globale Wirkung zu erzielen.
f) Meine Gedanken und Ideen sind viel zu tiefgründig, um das gemeine Volk damit zu behelligen.
g) Der Wandel der Welt geht mich nichts an. Mir geht es nur um das Ewige.

20. Denke einen Moment lang an die Farbe, die dein tiefstes, innerstes Wesen am besten repräsentiert (im Gegensatz zu deiner »Lieblingsfarbe«).

a) Tiefrot.
b) Sprudelndes Orange.
c) Leuchtendes Gelb.
d) Sanftes Hellgrün.
e) Tiefes und intensives Blau.
f) Tiefes und geheimnisvolles Violett.
g) Helles Weiß; farblos.

21. Was sind deine höchsten Werte?

a) Respekt, Loyalität, Geduld.
b) Freude, Totalität, Schönheit.
c) Mut, Beharrlichkeit, Würde.
d) Mitgefühl, Freundschaft, Harmonie.
e) Authentizität, Autonomie, Selbstdarstellung.
f) Intelligenz, Klarheit, Tiefe.
g) Reinheit, Ungebundenheit, Freiheit.

22. Was empfindest du, wenn du die folgende Aussage liest? »Ich liebe es, Teil einer größeren Einheit zu sein: einer Tradition, Familie, Gemeinschaft oder Nation. Das fühlt sich gesund und unterstützend an.«

a) Vollkommen richtig.
b) Ganz und gar nicht! Ich vermeide Rahmenbedingungen, die meine Wahlfreiheit und meine Erfahrungen einschränken.
c) Ich schätze Strukturen, aber für mich ist es am wichtigsten, mich abzuheben und ich selbst zu sein.
d) Strukturen sind wunderbar, solange sie Möglichkeiten für die Liebe bieten.
e) Ich interessiere mich mehr für meine Träume von besseren, sogar utopischen Gemeinschaften.
f) Solche Strukturen sind für das gemeine Volk. Ich ziehe es vor, dieses Phänomen zu erforschen.
g) Nur wenn diese größeren Einheiten spirituell sind und Spiritualität fördern.

23. Wie sehr magst du langfristige Projekte und lebenslange Verpflichtungen?

a) Sehr – solange es entspannte und sichere Prozesse sind.
b) Allein die Vorstellung macht mir Angst. Ich habe das Gefühl, in einem Käfig zu sein.
c) Ich mag sie, solange sie zu einem erfolgreichen Ende führen und ständig wachsen und expandieren.
d) Ich mag sie, aber es müssen im Wesentlichen emotionale Verpflichtungen sein.
e) Ich mag sie, aber nur, wenn sie eine Vision beinhalten, die mich begeistert und meine Träume nicht unterdrückt.
f) Ich mag sie, wenn sie von Natur aus intellektuell sind und zu immer größerer Tiefe führen.
g) Mein einziges lebenslanges Engagement gilt meinem spirituellen Weg.

24. Wähle die Person, mit der du dich am meisten identifizieren kannst.

a) Thomas Alva Edison, Erfinder.
b) Jim Morrison, Rocklegende und Dichter.
c) Ernesto »Che« Guevara, Kämpfer und Revolutionär.
d) Mutter Teresa, Missionarin der Nächstenliebe.
e) Martin Luther King Jr., Redner und Aktivist.
f) Sigmund Freud, Psychologe.
g) Franz von Assisi, Heiliger.

25. Welche historische Revolution beeindruckt dich am meisten?

a) Die landwirtschaftliche oder industrielle Revolution.
b) Die soziale Revolution der 60er-Jahre (Blumenkinder).
c) Der Sieg der Alliierten im Zweiten Weltkrieg.
d) Gewaltfreie Friedensbewegungen wie die von Gandhi und King.
e) Das Entstehen der Demokratie im antiken Athen.
f) Antike griechische Philosophie.
g) Das Auftreten von Lehrern wie Buddha oder Jesus.

***

Nimm dich an, wie du bist, aber halte dein Gleichgewicht

Das Erkennen des eigenen Typs hat viele Vorteile. Der offensichtlichste ist ein tieferes Verständnis der eigenen Stärken und Grenzen, Tugenden und Schwierigkeiten. Wir neigen dazu, unsere Persönlichkeitsstrukturen nur auf uns selbst zu beziehen, aber das Chakra-System sagt uns, dass unsere grundlegenden Eigenschaften zu allgemeineren Mustern gehören, fast wie die verschiedenen Kräfte der Natur.

Als direkte Folge dieser Selbsterkenntnis öffnet sich ein Tor, das uns zu einer wirklich befreienden Selbstakzeptanz führt. Dein Typ ist im Grunde nichts anderes als ein Zebra oder ein Elefant. Ist dir jemals der Gedanke gekommen, dass mit Zebras etwas nicht stimmt? Hast du dich jemals über die Streifen oder den Schwanz des Zebras beschwert und gedacht, dass es sich in einen Elefanten verwandeln sollte? Im Falle der Zebras klingt dieser Gedanke lächerlich, aber wenn es um unsere eigenen Persönlichkeitsmuster geht, haben viele das Gefühl, dass es bessere Muster gibt, und dann hoffen sie, eines Tages ein Elefant zu werden.

Die Chakra-Typen ermöglichen es, uns endlich mit unseren naturgegebenen Voraussetzungen abzufinden und unsere scheinbaren Unzulänglichkeiten in einem verständnisvolleren Licht zu sehen, weil wir erkennen, dass jedes natürliche Muster seine Grenzen haben muss. Gehe noch einen Schritt weiter, und du wirst sehen, wie sich diese Akzeptanz auf die Verhaltensmuster unserer Mitmenschen ausdehnt. Durch die Linse dieses Systems siehst du andere Menschen mit mitfühlenden Augen. Da du weißt, dass sie das Leben aufgrund ihrer natürlichen Voraussetzungen anders erleben, erwartest du nicht mehr, dass sie so sind wie du und dass sie deine Werte und Entscheidungen teilen. Du kannst dich sogar an ihrem Anderssein erfreuen, denn es ist voller Gaben und Weisheit, die dein Wesen ausgleichen und inspirieren können.

Das Konzept der sieben Chakra-Persönlichkeitstypen will uns sagen, dass wir uns unserem einzigartigen Muster hingeben und seinen angeborenen Neigungen und Leidenschaften folgen sollten. Diese Neigungen und Leidenschaften sind zutiefst mit der Möglichkeit verbunden, unsere einzigartige Art von Glück und Sinn im Leben zu verwirklichen. Und doch sollten wir, nachdem wir die kostbaren Geschenke der Selbstakzeptanz und Selbstverwirklichung angenommen haben, anerkennen, dass unsere Konstitution unter bestimmten Ungleichgewichten und ungesunden Exzessen leidet. Tatsächlich neigt jeder Chakra-Typ dazu, gewisse Eigenschaften zu stark auszuprägen. Wenn wir uns also unreflektiert an unserem natürlichen Muster festhalten, kann uns das schaden oder sogar gefährden. Mehr noch, es kann den vollen Ausdruck unseres einzigartigen Persönlichkeitstyps einschränken und hemmen.

An diesem Punkt kommt der Sieben-Tage-Zyklus ins Spiel.

Die Tage, die sich für dich anfühlen, als würdest du gegen den Strom deiner Neigungen und Gewohnheiten schwimmen, sind genau die Gelegenheiten, deine Einseitigkeiten auszugleichen und deinen

Selbstausdruck zu stärken. Natürlich ist die erste Reaktion unseres Gehirns, wenn es aus seiner Komfortzone gerissen wird, Widerstand. Ein Nabelchakra-Typ – ein Macher – wird sich am vehementesten gegen die Dienstage wehren, die ganz der zweckfreien Freude gehören; gegen die Donnerstage, die Herzensangelegenheiten und intimer Gemeinschaft gewidmet sind; und gegen die Sonntage, die das Eintauchen in den Geist darstellen. Ein Herzchakra-Typ – ein Fürsorger – wird nur ungern seine Zehen in das Wasser des Mittwochs tauchen, der dazu aufruft, Ziele festzulegen und zu verfolgen und die Selbstständigkeit zu kultivieren, oder des Samstags, der intellektuelle Beschäftigungen dem Überschwang der Gefühle vorzieht. Und denke an den armen Yogi, einen Scheitelchakra-Typ, der sich montags mit der Stärkung der irdischen Grundlagen oder freitags mit Selbstausdruck und Manifestation beschäftigen muss! Im allgemeinen mögen die eher luftigen Typen – Künstler, Fürsorger, Denker und Yogis – die aktiven und irdischen Aspekte des Sieben-Tage-Zyklus nicht, während die geerdeten Typen – Erbauer, Macher und Redner – die Nase rümpfen, wenn sie an die eher nachdenklichen, emotionalen und erfahrungsreichen Tage denken.

Diese unmittelbaren Widerstände sind zwar verständlich, aber betrachten wir einen Moment lang einen Macher, der Tag und Nacht arbeitet und dabei auf zweckfreie Freude, Herzensbeziehungen und Versenkung in den Geist verzichtet. Früher oder später wird dies zu einem schweren Burnout führen oder vielleicht zu Frustration und wachsendem Zweifel, ob dieser endlose Marathon, der keine Ziellinie hat, der Mühe wert ist. Ein solcher Macher wird dann sehr wütend werden und vielleicht Süchte entwickeln und zur Erleichterung Alkohol, Drogen und Junkfood konsumieren, wodurch er sich noch mehr von Gleichaltrigen, der Familie und Freunden entfremdet. Die große Ironie ist, dass das Vermeiden von ausgleichenden Bereichen den Macher letztendlich daran hindern wird, im Nabelchakra Sinn und Glück zu finden. Tatsächlich kann das Vermeiden dieser Bereiche den Macher daran hindern, überhaupt etwas zu erreichen.

Mit dem Sieben-Tage-Zyklus deinen Typ stärken

Der Sieben-Tage-Chakra-Pfad verbindet das Erwachen der sieben Chakren im ganzen Menschen mit der individuellen Erfüllung deines Chakra-Typs. Einerseits ist jede Woche ein vollständiger Zyklus, der alle sieben Aspekte deines Wesens abdeckt. Andererseits wird auch die Tatsache berücksichtigt, dass du »stärkere« Tage und auch »schwächere« hast – nicht als Hindernis, das überwunden werden muss, sondern als sinnvolle Herausforderung, um diesen Zyklus zu deiner neuen Routine zu machen.

Die schwachen Tage in deiner Woche sind nicht Feinde, die deiner Lebensaufgabe im Weg stehen. Die Tage, die du weniger magst, können deinen Horizont erweitern und zu weiterem Wachstum anregen (wenn du Baumeister bist); oder Tage, die deine aktiveren Aspekte stärken (wenn du Künstler oder Fürsorger bist); oder Tage, die dich zum Innehalten veranlassen (wenn du ein feuriger Macher bist); oder Tage, die dein Wesen in der Wirklichkeit der menschlichen Erfahrung erden (wenn du ein verträumter Redner, Denker oder Yogi bist).

Wenn du die Bedeutung dieser Tage für deine einzigartige Persönlichkeit bedenkst und sie als notwendigen Teil deines persönlichen Prozesses des Ausgleichs und der Ermächtigung wahrnimmst, kannst du dich mit ganzem Herzen auf sie einlassen. An deinen stärkeren Tagen lebst du dein natürliches Design, und an deinen schwierigeren Tagen korrigierst du seine Einseitigkeiten, hältst dein Design gesund und rundest es ab. Zweifellos werden auch die Menschen um dich herum froh sein, dich als ein vollständigeres »Du« zu erleben.

Für den Beginn deiner bewussten Arbeit mit den starken und schwächeren Tagen erstellst du eine Liste deiner starken Tage – hoffentlich besteht die Liste aus mindestens drei! Schaue dir diese Liste an. Es ist leicht zu erraten, dass diese starken Tage derzeit tatsächlich die sind, an denen du – körperlich, emotional und geistig – im Laufe deines regulären Siebentageszyklus am besten bist. Da du den Tendenzen dieser Tage mühelos folgen kannst, bestimmen sie viele deiner Gewohnheiten und den Ablauf deiner Woche. Versuche zu erklären, am besten in schriftlicher Form, warum diese Tage deine stärkste und offensichtlichste Präferenz sind.

Es ist jedoch wichtig zu bedenken, dass auch diese Tage nicht als etwas betrachtet werden sollten, was du bereits vollständig beherrschst. Es ist möglich, dass du im Moment nur etwa 20 oder 30 Prozent ihres schlummernden Potentials ausschöpfst! Sowohl dein Verständnis als auch die Erfahrung deiner stärkeren Tage können vertieft werden. Überlege also bei dieser Schreibübung, wie jeder dieser Tage zu einer weiteren Offenbarung über deine üblichen Grenzen und Gewohnheiten hinaus werden könnte.

Gehe nun zur zweiten Hälfte der Übung und erstelle eine Liste deiner herausfordernden und schwächeren Tage. Nimm dir Zeit, jeden dieser Tage einzeln zu betrachten – und wenn du einen Roten Faden findest, nutze ihn, um deine Einsicht in die Bedeutung dieser Tage zu vertiefen. Beantworte geduldig die folgenden Fragen zu jedem dieser Tage:

- Warum habe ich das Gefühl, dass dieser Tag unnatürlich ist? Steckt hinter meiner Abneigung auch eine gewisse Angst?
- Wie könnte ich diesen Tag nutzen, um mein Wesen auszugleichen, zu heilen, zu mäßigen oder zu stärken?
- Was kann mir dieser Tag zeigen oder mich lehren?
- Welche Kräfte und Eigenschaften kann dieser Tag in mir wecken?
- Inwiefern kann dieser Tag ein fehlendes Teil im Puzzle meines Seins sein?

Deine Arbeit ist getan, wenn du das Gefühl hast, dass du diese Tage wirklich schätzt und liebst. Es geht darum, eine *emotionale Verbindung* zu ihnen aufzubauen. Du kannst dir die starken Tage als den Kern deines Wesens vorstellen, während die »schwachen« Tage diesen Kern unterstützend umgeben. Spüre, wie diese Konstellation ein vollständiges Bild deines Wesens in seiner ausgewogensten und rundesten Form ergibt. Du kannst sogar eine Zeichnung anfertigen, die diese Vision anschaulich macht.

Ausgestattet mit dem Wissen über die Chakra-Persönlichkeitstypen weißt du nun, dass deine angeborenen Neigungen wertvolle Bestandteile deines Seelenplans sind. Aber sie strahlen noch mehr, wenn sie in eine Woche eingebunden sind, die wirklich ganzheitlich ist.

Chakra-Meditationen

Nachdem du nun die individuelle Dimension deines Chakra-Systems erforscht hast, ist es an der Zeit, zwei Methoden zu erlernen, die das Chakra-System als Ganzes sofort zum Leuchten bringen. Sie werden dich auf den Tauchgang in deine neue ganzheitliche Lebensweise vorbereiten.

Meditation: Lächle in deine Chakren

Diese selbstgeführte Meditation ist eine der einfachsten und effektivsten Methoden, um die einzelnen Chakren sowie das Chakra-System als Ganzes zu stimulieren. Sie setzt die heilende und beruhigende Kraft dieser sieben Energiezentren frei, unterstützt von einem der größten Heiler der Welt: deinem Lächeln.

Inzwischen gibt es genügend wissenschaftliche Belege dafür, dass Lächeln, selbst wenn es absichtlich geschieht, neuronale Botschaften aktiviert, die sich positiv auf Gesundheit und Glück auswirken: Es aktiviert die Freisetzung von Neuropeptiden, die Stress abbauen, sowie die »Wohlfühl«-Neurotransmitter Dopamin, Endorphin und Serotonin.[20] Das entspannt den Körper, senkt die Herzfrequenz und den Blutdruck, verlängert die Lebensdauer und wirkt – dank der Endorphine – sogar als natürliches Schmerzmittel. Es ist absolut nicht nötig, auf eine Situation zu warten, die ein Lächeln auslöst; die Wirkung wird bereits durch die Entscheidung zu lächeln erzielt. Wie der buddhistische Lehrer Thich Nhat Hanh es ausdrückt: »Manchmal ist deine Freude die Quelle deines Lächelns, aber manchmal kann dein Lächeln die Quelle deiner Freude sein.« Von besonderer Bedeutung ist eine in der Zeitschrift *Neuropsychologia* veröffentlichte Studie, die besagt, dass der Anblick eines lächelnden Gesichts unseren orbitofrontalen Kortex aktiviert, die Region des Gehirns, die sensorische Belohnungen verarbeitet. Das bedeutet, dass wir uns belohnt fühlen, wenn wir angelächelt werden.[21]

In dieser Meditation stellen wir uns ein lächelndes Gesicht vor, auf das wir reagieren und das wir – in seiner Essenz – in ein inneres Lächeln verwandeln, das die Chakren vitalisiert. Diese Meditation, die an die taoistische »Meditation des inneren Lächelns« angelehnt ist, die vom taoistischen Meister Mantak Chia bekanntgemacht wurde, wird hier an die Welt der Chakren angepasst.

Es gibt zwei Möglichkeiten, diese Meditation auf dem Sieben-Tage-Chakra-Pfad anzuwenden: zur Aktivierung aller sieben Chakren oder zur Aktivierung eines Chakras. In ihrer vollständigen Form, die alle sieben Chakren aktiviert, passt sie zu Montag, dem Tag der Erdung, oder Sonntag, dem Tag des Geistes. Der Montag ist ein guter Tag, um dein Leben zu strukturieren, und die Sieben-Chakren-Aktivierung kann dir dabei helfen, indem sie deine energetischen und physischen Grundlagen stärkt. Der Sonntag ist der Tag, an dem du dich über alle Chakren hinausbewegst, um in der Vollständigkeit deines Seins zu ruhen, und deshalb unterstützt Aktivierung aller Chakren diese Erfahrung der inneren Vollständigkeit. Für eine Ein-Chakra-Aktivierung konzentrierst du dich einfach auf ein einzelnes Chakra und nimmst dir Zeit, das gewählte Chakra vollständig in die Energie des Lächelns zu tauchen.

Lies die Anweisungen der Meditation sorgfältig durch, schließe dann deine Augen und führe dich selbst durch diese Chakren-Reise. Du kannst sie auch aufsprechen oder meine geführte Meditation »Lächeln in deine Chakren« auf YouTube verfolgen.[22]

Während du langsam und tief atmest und deinen Körper mit jedem Atemzug mehr und mehr entspannst, richte deine Aufmerksamkeit auf den Bereich in der Mitte der Stirn, wo sich das sechste Chakra, das Dritte Auge, befindet. Visualisiere vor dem sechsten Chakra ein lebhaftes Bild, das für dich das tiefste oder glücklichste Lächeln darstellt, das du dir vorstellen kannst. Das kann das Lächeln eines Kindes sein (vielleicht deines Kindes); dein eigenes Lächeln zu einem bestimmten Zeitpunkt, an dem du vollkommen glücklich oder zufrieden warst; das Lächeln eines bewunderten Menschen; das bekannte subtile Lächeln der Mona Lisa; oder das Lächeln des Buddhas, wie es in einigen seiner Statuen dargestellt ist.

Stelle dir das Lächeln so lebhaft wie möglich vor und spüre diese Freude und das innere Wissen, dass es unwiderstehlich ist. Vielleicht bist du versucht, selbst zu lächeln, zumindest innerlich.

Bringe nun dieses Bild zu größtmöglicher Klarheit, dann lasse es los und bleibe nur bei der Essenz oder der Energie dieses Lächelns. Spüre, wie die Essenz dieses Lächelns in deine Stirn fließt, als ob dein sechstes Chakra zu einem Trichter geworden sei, der diese Energie in deinen Kopf einströmen lässt.

Ziehe diese lächelnde Energie heran und lächle in den Scheitelbereich deines Kopfes, als ob du dieses Lächeln injiziertest, das sich nun ausbreitet und den ganzen Bereich zum Lächeln bringt. Beziehe die beiden Hemisphären des Gehirns und den Raum zwischen ihnen ein. Auch wenn dich das Bild eines lächelnden Gehirns verwirrt, sei dir bewusst, wie dieses Bild das Gehirn und den gesamten oberen Schädelbereich entspannt.

Lasse mehr von der Energie des Lächelns durch das Dritte Auge fließen und nutze sie, um in die untere Stirn zu lächeln. Spüre, wie sich die Stirn von ihrem Zentrum aus zu einem Lächeln entspannt und jede geistige Anspannung, die sich angesammelt haben mag, löst.

Lasse diese Energie des Lächelns immer wieder einströmen, bis sie von der unteren Stirn in den Bereich unten an der Kehle tropft. Lächle damit in die Kehle hinein, so dass sie mit dieser Energie gefüllt wird. Spüre, wie sich ein inneres Lächeln ausbreitet, das alle Spannungen in den entsprechenden Bereichen von Hals und Kiefer löst.

Lasse die Energie des Lächelns wie einen sanften Strom nach unten fließen, bis in die untere Mitte deiner Brust. Lächle in dein Herz hinein und stelle dir vor, wie sich als Reaktion darauf auch dort ein inneres Lächeln ausbreitet, von der Mitte deines Brustkorbs über deinen gesamten Oberkörper und sogar in die Schultern. Es ist wichtig, dass dein Herz lächelt. Spüre, wie jeglicher Herzschmerz gelindert wird, der Brustkorb weitet sich, du atmest voller und tiefer und öffnest dich für Gefühle, Menschen und das Leben.

Lasse nun die Energie des Lächelns in den Bereich des Solarplexus fließen, wo sich das dritte Chakra befindet. Lächle in deinen Solarplexus hinein und spüre, wie sich dieses durchdringende innere Lächeln ausdehnt und sanft den gesamten Oberbauch ausfüllt. Lasse den lächelnden Bauch allen im Solarplexus und im Verdauungssystem gespeicherten Druck lösen. Ja, auch Bäuche können lächeln!

Wenn die Energie des Lächelns weiter nach unten strömt, erreicht sie den Bereich des Schambeins, direkt über den Genitalien, wo sich das Sakralchakra befindet. Spüre, wie du die Energie des inneren Lächelns verinnerlichst, um in dein Becken zu lächeln. Lasse es sich versüßen und öffne den gesamten Beckenbereich mit einem Lächeln, das in der Mitte des Unterbauches beginnt und sich in alle Richtungen ausdehnt.

Schließlich steigt die Energie des Lächelns hinab in den Bereich des Dammes, zwischen den Genitalien und dem Anus, wo sich das Wurzelchakra befindet. Lächle in den Damm hinein und lass sich dort ein sanftes Lächeln entfalten, das sich bis zu den Beinen, Oberschenkeln, Knien und Füßen ausbreitet und jedes bisschen Spannung transformiert.

Lächle nun, eines nach dem anderen, in deine Chakren, diesmal zurück nach oben. Lächle noch einmal in das Perineum, den Unterbauch, den Solarplexus, die Mitte der Brust, den Halsansatz, die untere Stirn und die obere Kopfhaut. Spüre, wie sich jedes einzelne Zentrum durch dieses kurze Lächeln entzündet.

Visualisiere deine sieben Chakren, wie sie sich vereinen und zu einem großen inneren Lächeln werden, das den ganzen Körper von Kopf bis Fuß durchströmt. Erlaube der verbleibenden lächelnden Energie, von deinem Körper absorbiert zu werden, bis du selbst zu diesem unschlagbaren Lächeln wirst.

Lächle dich selbst, andere und die ganze Welt an und grüße sie alle sanft. Lasse dieses innere Lächeln sich in deinem Mund festsetzen, in den Wangen und Augen, was dich zu einem körperlichen, authentischen Lächeln bringt. Dieses Lächeln ist anders als das Lächeln der Höflichkeit oder das Lächeln, das sich auf deinem Gesicht ausbreitet, wenn dich etwas erfreut. Vielmehr ist es ein Lächeln, das aus dem Reichtum deines erwachten Wesens und deiner überfließenden Chakren hervorgeht, so dass es dir niemand wegnehmen kann.

Öffne langsam und behutsam deine Augen und behalte die lächelnde Präsenz für den Rest deines Tages in dir.

Chakrenblüten-Meditation

Ausgeglichene Chakren ähneln geöffneten Blüten: Sie erblühen aus der zentralen Säule, aus der Mitte unseres Körpers, und entfalten sich an unserer Vorderseite, wo sie der Welt offen gegenüberstehen und sie willkommen heißen. Die folgende selbstgeführte Meditation imitiert diesen subtilen Mechanismus des ausgeglichenen Zustands der Chakren. Ähnlich wie die Kraft eines absichtlichen Lächelns bewirkt die Nachahmung eines ausgeglichenen Zustands, dass dieser vorübergehend eintritt.

Ein Chakra fühlt sich gesund, ausgerichtet und im Fluss an, wenn sich seine Energie bereitwillig der Welt öffnet und seine innere Schönheit offenbart; wenn es bereit ist, sich vom Licht und der Luft des Lebens nähren zu lassen und sich voll und ganz zu zeigen, auch angesichts von Herausforderungen und Schmerz.

Andererseits wird ein Chakra krank, leer, schlecht versorgt und blockiert, wenn ihm die Energie entzogen wird. Bei unausgeglichenen Chakren zieht sich die Energie in die zentrale Säule zurück, wie bei einer geschlossenen Blüte. Diese Chakren kehren der Welt buchstäblich den Rücken zu und wollen nicht sichtbar sein und voll am Leben teilnehmen.

Die Chakrenblüten-Meditation ist eine sanfte Meditation, die die Chakren anregt, aus ihrem Rückzugsort in der Mittelsäule hervorzukommen und in ihrem Kshetram an der Vorderseite des Körpers aufzublühen. Sie hilft ebenso wirksam wie die vorherige Meditation, das Chakra-System schnell zu stimulieren.

Aber du kannst diese Meditation auch täglich anwenden, um ein einzelnes Chakra zu aktivieren, oder montags oder sonntags, um das Körper-Geist-System im Ganzen zu fördern.

Lies die Anweisungen der Meditation sorgfältig durch, schließe dann deine Augen und führe dich selbst durch diese Chakren-Reise. Du kannst dich auch beim Lesen der Meditation aufzeichnen und sie dann abspielen, oder du folgst meiner geführten Meditation »Chakra Flowering Meditation« auf YouTube.[23]

Du atmest langsam und tief und entspannst deinen Körper mit jedem Atemzug mehr und mehr, verbindest dich mit der Essenz der Blumen und lässt vor deinem geistigen Auge die Vision verschiedenster Blumen erscheinen – in unterschiedlichsten Farben und Größen und mit unterschiedlichsten Blütenblättern. Du kannst dir auch einen Garten mit einer großen Vielfalt an Blumen vorstellen.

Lasse dein Unterbewusstsein aus dieser strahlenden Vielfalt eine bestimmte Blume als die geeignetste Metapher für jedes der Chakren heraussuchen. Du kannst für alle Chakren dieselbe Blume wählen, wenn sie als unmittelbare Antwort deines Unterbewusstseins hervortritt. Du kannst dir auch Blumen in den Farben vorstellen, die üblicherweise mit den einzelnen Chakren in Verbindung gebracht werden. Was auch immer dir stimmig vorkommt, richte dich danach, ohne groß zu hinterfragen.

Beginne deine Visualisierung, indem du dir die zentrale Säule vorstellst, in der sich die Chakren befinden. Stelle sie dir als strohhalmartigen, transparenten, flexiblen und bläulichen hohlen Kanal nahe der Vorderseite der Wirbelsäule vor. Sie beginnt direkt unter den Genitalien und durchdringt die Körpermitte bis hin zum Scheitelpunkt des Kopfes.

Richte nun deine Aufmerksamkeit auf das untere Ende des Wurzelchakras, das sich tief im Bereich des Dammes befindet. Atme in diesen Bereich hinein und spüre, wie du mit jedem Einatmen die Energien darin sammelst und mit jedem Ausatmen nach außen abgibst. Im ersten Chakra sollte die Blüte eindeutig nach unten zur Erde gerichtet sein, um Nahrung aus dem Bereich der Natur und des biologischen Lebens aufzunehmen.

Während du in den Damm atmest, lasse in diesem Bereich das Bild einer Blüte erscheinen, noch in einem geschlossenen Zustand. Sie kann tiefrot sein, die Farbe, die gemeinhin mit dem Wurzelchakra assoziiert wird, oder jede andere Farbe haben. Mit jedem Ausatmen bringst du die Blume sanft dazu, sich nach und nach zu entfalten, vom Innersten des Dammes bis zu seinem äußeren Rand, bis sich die Blütenblätter vollständig entfaltet haben. Lasse die sich weit öffnende Blüte die Weisheit der Erde aufnehmen, während sie jegliche Spannung oder gehaltene Energie im Chakra freigibt. Ihre Öffnung bedeutet, dass sie bereit ist, sich in diesem Leben bedingungslos zu verkörpern.

Richte deine Aufmerksamkeit auf den Bereich hinter dem Schambein, wo im Zentralkanal das Sakralchakra sitzt. Atme in diesen Punkt tief im Bauch: Mit dem Einatmen sammle die Energie dieser Stelle in der Körpermitte; mit dem Ausatmen lasse sie durch das Schambein nach außen entweichen. Ein nach außen gerichtetes Sakralchakra kann die Lebenskraft aufnehmen, die zu mehr Vitalität und Leidenschaft führt.

Während du in das Chakra in der Körpermitte atmest, lasse in diesem Bereich das beliebige Bild einer Blüte erscheinen, noch als Knospe geschlossen. Sie kann orange sein, die Farbe, die im allgemeinen mit dem Sakralchakra assoziiert wird, oder eine andere Farbe haben. Mit jedem Ausatmen bringst du die Blume sanft dazu, sich nach und nach zu entfalten, von der Tiefe des Unterleibs bis nach außen, bis sich ihre Blütenblätter vollständig entfalten. Erlaube der sich weit geöffneten Blüte, Lebenskraft aufzunehmen, während sie jegliche Spannung oder festsitzende Energie im Chakra freigibt. Ihre Offenheit ist die Bereitschaft, sich auf das Abenteuer des Lebens einzulassen und es voll und ganz zu leben und zu fühlen.

Richte deine Aufmerksamkeit auf den Solarplexus-Nabel-Bereich, wo im Zentralkanal das Nabelchakra sitzt. Atme in diesen Punkt tief im Bauch und spüre das sonnengleiche, kosmische Kraftwerk, das dort pulsiert. Sammle mit dem Einatmen Energie aus dem Zentrum hinter dem Solarplexus und lasse sie mit dem Ausatmen durch den Solarplexus nach außen entweichen. Ein nach außen offenes Nabelchakra kann die Lebenskraft aufnehmen, die für Durchsetzung, Willenskraft und Zielstrebigkeit erforderlich ist.

Während du in das Zentrum hinter dem Solarplexus atmest, lasse in diesem Bereich das beliebige Bild einer Blüte erscheinen, noch als geschlossene Knospe. Sie kann gelb sein, die Farbe, die meist mit dem Nabelchakra assoziiert wird, oder eine andere Farbe haben. Mit jedem Ausatmen bringst du die Blume sanft dazu, sich nach und nach zu entfalten, und zwar von der Tiefe des Solarplexusbereichs bis nach außen, bis sich die Blütenblätter vollständig entfalten. Lasse die weit geöffnete Blüte Lebenskraft aufnehmen, während sie jegliche Spannung oder im Chakra festsitzende Energie freigibt. Diese Öffnung impliziert die Bereitschaft, Hindernisse zu überwinden, mit der eigenen Kraft in Kontakt zu kommen und sich zu trauen, seine Ziele zu erreichen.

Richte deine Aufmerksamkeit auf den Bereich hinter der unteren Mitte des Brustkorbs, in der Mitte zwischen den beiden Brüsten, wo im Zentralkanal das Herzchakra sitzt. Atme in diesen Punkt, der dein innerstes Selbst ist; sammle mit dem Einatmen Energie aus dem Zentrum hinter der Brust und lasse sie mit dem Ausatmen durch die untere Mitte der Brust nach außen entweichen. Ein nach außen geöffnetes Herzchakra kann die Lebenskraft aufnehmen, die nötig ist, um Liebe, Verbundenheit und Einheit mit anderen und der ganzen Welt zu erfahren.

Während du in den Bereich hinter der Brust atmest, lasse in diesem Bereich das Bild einer Blume erscheinen, noch als geschlossene Knospe. Sie kann grün sein, die Farbe, die gemeinhin mit dem Herzchakra assoziiert wird, oder eine andere Farbe haben. Mit jedem Ausatmen bringst du die Blume sanft dazu, sich nach und nach zu entfalten, von tiefhinten im unteren Brustkorb bis nach vorne, bis sich ihre Blütenblätter vollständig ausbreiten. Lasse die sich weit öffnende Blüte Lebenskraft aufnehmen, während sie jegliche Spannung oder festsitzende Energie im Chakra freigibt. Ihre Offenheit heißt, die Verschlossenheit aufzugeben und vertrauensvolle Intimität und Verletzlichkeit zu erfahren.

Richte deine Aufmerksamkeit auf den Bereich hinter dem Adamsapfel, wo im zentralen Kanal das Halschakra sitzt. Atme in diesen tiefen Punkt in der Kehle; sammle mit dem Einatmen Energie aus der Mitte der Kehle und lasse sie mit dem Ausatmen durch deinen Kehlkopf nach außen strömen. Ein offenes Halschakra kann die Lebenskraft aufnehmen, die für einen frei fließenden Austausch zwischen deiner inneren Welt und der äußeren erforderlich ist.

Während du in den Punkt hinter dem Adamsapfel atmest, lasse in diesem Bereich das Bild einer Blüte erscheinen, noch als geschlossene Knospe. Sie kann blau sein, die Farbe, die gemeinhin mit dem Halschakra assoziiert wird, oder eine andere Farbe haben. Mit jedem Ausatmen bringst du die Blume sanft dazu, sich nach und nach zu entfalten, von der Tiefe der Kehle bis nach außen, bis sich ihre Blütenblätter vollständig entfaltet haben. Lasse die weit geöffnete Blüte Lebenskraft aufnehmen, während sie jegliche Spannung oder festsitzende Energie im Chakra freigibt. Ihre Offenheit beinhaltet die Bereitschaft, von anderen gesehen zu werden und dein Innerstes authentisch zu offenbaren.

Richte nun deine Aufmerksamkeit auf den Bereich hinter der Stirn, in der Mitte zwischen den Augenbrauen, wo im Zentralkanal das Chakra des Dritten Auges sitzt. Atme tief in diesen innersten Punkt in deinem Kopf; sammle mit dem Einatmen Energie aus der Mitte des Gehirns und lasse sie mit dem Ausatmen durch die Stirn nach außen strömen. Ein geöffnetes Chakra des Dritten Auges kann die Lebenskraft aufnehmen, die für Weisheit, Tiefe und höchste Intelligenz sorgt.

Während du in den Punkt hinter den Augenbrauen atmest, lasse in diesem Bereich das beliebige Bild einer Blüte erscheinen, noch als geschlossene Knospe. Sie kann violett sein, die Farbe, die gemeinhin mit dem Stirnchakra assoziiert wird, oder jede andere Farbe haben. Mit jedem Ausatmen bringst du die Blume sanft dazu, sich nach und nach zu entfalten, von den Tiefen des Kopfes bis nach außen, bis sich ihre Blütenblätter vollständig entfalten. Lasse die sich weit öffnende Blüte Lebenskraft aufnehmen, während sie jegliche Verklemmung oder festsitzende Energie im Chakra freigibt. Ihre Öffnung bedeutet die Bereitschaft, zuzuhören und wahres Wissen aufzunehmen.

Richte deine Aufmerksamkeit auf den Endpunkt der Säule, zwischen den Augenbrauen und dem Scheitel, an einen Punkt, der eher am Hinterkopf liegt, wo das Scheitelchakra im Zentralkanal sitzt. Atme in diesen obersten Punkt innerhalb des Gehirns; mit dem Einatmen nimmst du Energie aus der Tiefe des Gehirns auf und mit dem Ausatmen gibst du sie durch den Scheitel nach außen ab. Ein geöffnetes Scheitelchakra kann die Lebenskraft aufnehmen, die für den Kontakt mit der Quelle des Lebens und der transzendenten Dimension des Seins verantwortlich ist.

Während du in den Punkt am Scheitel atmest, lasse in diesem Bereich das beliebige Bild einer Blüte erscheinen, noch als geschlossene Knospe. Sie kann violett oder weiß sein, also in den Farben, die gemeinhin mit dem Scheitelchakra assoziiert werden, oder jede andere Farbe haben. Sie kann auch mehrfarbig sein. Mit jedem Ausatmen bringst du die Blume sanft dazu, sich nach und nach zu entfalten, von tief innen im Scheitel bis zum oberen Rand des Kopfes, bis sich die Blütenblätter vollständig entfalten. Diese Blüte sollte nach oben, zum Himmel, in den Weltraum offen sein. Lasse die weit geöffnete Blüte die Lebenskraft aufnehmen, wobei sie jegliche Spannung oder festsitzende Energie im Chakra freigibt. Ihre Öffnung beinhaltet die Bereitschaft, individuelle Barrieren aufzubrechen und das eigene Wesen in den Ozean des reinen Seins eintauchen zu lassen.

Verbinde dich nun noch einmal mit der nach unten gerichteten Blüte des Wurzelchakras im Bereich des Dammes und verbinde dich dann mit der nach oben offenen Blüte des Scheitelchakras. Spüre sie, unterstützt durch die Vision des Zentralkanals, als zwei Enden eines Stengels oder als eine ungewöhnliche Blume mit zwei Köpfen. Atme in den Stengel hinein, von seinem tiefsten Punkt bis zu seinem obersten Ende und umgekehrt. Wiederhole dies einige Male und spüre dabei die ganze Entfaltung des Gartens deines Seins.

Öffne langsam und sanft deine Augen und behalte das Gefühl der offenen Chakren für den Rest des Tages bei.

Diese Visualisierung kann sehr hilfreich sein, wenn du das Gefühl hast, eines deiner Chakren sei blockiert. Wenn du das blockierte Chakra visualisierst, wie es sich der Welt zuwendet und sich wie eine Blüte öffnet, ist das der direkte Weg, es auszugleichen.

Ganz allgemein ist diese Meditation ein Bild für den siebentägigen Chakra-Pfad: Jeden Tag gießt und pflegt man eine Blume des siebenfältigen Wesens, bis man schließlich am Sonntag erkennt, dass diese Kultivierung auf natürliche Weise zu einem Gefühl der inneren Vollständigkeit geführt hat. Und so wie ein Chakra-Tag den nächsten vorbereitet und in ihn einfließt, so belebt die Pflege eines Chakras auf natürliche Weise das nächste. Der Stiel, der alle sieben Chakra-Blüten verbindet, ist genau wie der Faden, der alle sieben Chakra-Tage verbindet – der Faden, den wir »Woche« nennen.

Teil 2:
Die Chakra-Tage

1
Montag:
Das Wurzelchakra am Tag der Erdung aktivieren

Etwas innerhalb des Dammes – zwischen dem Anus und dem Skrotum oder der Vulva – befindet sich das Muladhara-Chakra. Das Sanskrit-Wort *moola* bedeutet »Wurzel« oder »Fundament«, und genau darum geht es bei diesem Chakra: Als Wurzel des gesamten Chakra-Systems ist es das Fundament unserer gesamten Existenz, verantwortlich für alles, was sich in der Welt der Form manifestiert.[24] Ein aufragender blühender Baum muss tiefe Wurzeln haben, die ihn tragen und nähren; der Montag ist deine Chance, deine Wurzeln zu vertiefen und für alle Aktivitäten der Woche einen gesunden Boden zu schaffen.

Spüre den Tag der Erdung

Guten Morgen. Du bist soeben am ersten Tag deiner neuen Woche aufgewacht. Viele Menschen mögen am ersten Tag der Woche nur widerwillig aufstehen und spüren den »Montagsblues«. Doch mit deiner neuen Erkenntnis vom Segen des Montags wirst du dieses Gefühl hinter dir lassen und gespannt erwachen. Kannst du dir vorstellen, dass der Gott des Alten Testaments seinen großen Sieben-Tage-Zyklus mit Melancholie und einem resignierenden Achselzucken begann? Nein, natürlich nicht! Es war ein überaus denkwürdiger Tag, an dem das immense Potential der Schöpfung auf die lenkende Hand eines Schöpfers wartete, der aus dem Nichts etwas erschaffen konnte.

Heute rufst du das Licht herbei, deine ganze Woche zu erhellen. Atme tief ein und spüre deine Kraft. Du hast die Möglichkeit, dein Leben zu strukturieren, es zu ordnen und einen gesunden und ausgewogenen Fluss in Gang zu setzen. Genau wie der Schöpfer kannst du die Vision deiner Woche entwerfen. Werde wach, bevor alles andere in deine Welt dringt, wirf einen Blick auf die vor dir liegende Woche und schaffe die Grundlage, auf der sie optimal verwirklicht werden kann. Selbst wenn deine Woche bereits mit Pflichten und Erwartungen vollgepackt zu sein scheint, stelle dir vor, dass sie eine leere Leinwand ist und du die Freiheit hast, all ihre Komponenten zu einem ganzheitlichen Meisterwerk zusammenzufügen.

Was musst du tun, um dein Leben zu einem Meisterwerk zu machen? Im Wurzelchakra geht es nicht um grandiose Errungenschaften und Visionen. Gott, im Sinne des großen kosmischen Entwurfs, steckt im Detail – ja, in den scheinbar lästigen, oft vergessenen Kleinigkeiten deines Lebens, die, wenn du dich liebevoll um sie kümmerst, das Gefühl von Stabilität und Harmonie vermitteln. Deshalb ist der Tag der Erdung diesen vielen Details gewidmet, die dein Leben verbessern und in Balance bringen können. Es ist deine Chance, über all das nachzudenken, was dein Fundament stärken könnte: von der Ernährung über die Umgestaltung deines Hauses bis hin zu einem besseren Zeitmanagement.

Viele dieser Kleinigkeiten wurden zugunsten anderer, scheinbar dringenderer Aufgaben vernachlässigt, manchmal auch nur, weil man meint, keine Zeit für sie zu haben. Aber wenn man sie zu lange vernachlässigt, werden kleinste Details des Lebens zu Problemen und beginnen, nach deiner Aufmerksamkeit zu schreien. Sei heute bereit, so zu leben, dass du all diesen Aspekten geduldig, wach und mit Freude Aufmerksamkeit schenken kannst, bevor sie schreien müssen.

Ein reiches und erfülltes Leben aufzubauen, ist auf einer soliden Grundlage so viel einfacher. Wenn zum Beispiel dein Körper gesund und stark ist, hast du genügend Ausdauer, um dich den Herausforderungen des Lebens zu stellen, während ein gebrechlicher und erschöpfter Körper jede Verpflichtung als äußerst mühsam und schwer erträglich empfindet. Dies ist das Geheimnis, das dir das Wurzelchakra, der Herrscher über deinen Knochenbau und deine Wirbelsäule, heute offenbart: »Beginne deine Woche, indem du dich um mich kümmerst, und ich werde dich mit dem Gefühl belohnen, dass du sicher und zuversichtlich mit beiden Beinen auf dem Boden stehen kannst, wenn du der kommenden Woche entgegengehst.«

Erkenne die Segnungen

Wenn du deinen Tag beginnst, öffne dich, um seine strahlende Weisheit, seine Geschenke und seine Kräfte zu empfangen. Der Tag der Erdung holt dich aus der ätherischen Dimension der Sonntagsruhe heraus und versetzt dich wieder in die Welt der Materie und der Form. Der Montag ruft dich dazu auf, dich vor allem um deine irdische Stabilität zu kümmern. Nachdem du während des Wochenendes die Schönheit der Zeitlosigkeit genießen durftest, lehrt dich dieser Tag den Wert der Zeit: Zeit als ein Fortschreiten, damit du dein Leben Stein für Stein aufbauen und dich an seinem stetigen Gedeihen erfreuen kannst.

Es ist Zeit, dich der Welt zu stellen. Doch das Wurzelchakra sagt dir, dass du dich ihr nicht mit Furcht stellen musst, nicht mit Ängsten, Sorgen und Stress. Wenn du die heutige Lehre gründlich befolgst, wird sie dich in eine tiefe Ruhe bringen. Im Gegensatz zu der Stille der Meditation resultiert diese Ruhe aus der Gewissheit, dass alles in deinem Leben an seinem Platz ist. Indem du jede Woche bewusst einen ganzen Tag allen Voraussetzungen widmest, die deine Existenz aufrechterhalten, gelangst du immer mehr in diesen inneren Frieden. Das Gefühl, dem Leben ausgeliefert zu sein, stellt sich nur ein, wenn dir der Überblick fehlt und du nicht weißt, wie du alles in Ordnung halten kannst. Sobald du diesen Überblick hast, kannst du leichter und freier in den Rest der Woche hineingehen.

Der Tag der Erdung schenkt dir die Fähigkeit, klar Schiff zu machen. Wenn sich zu viele vernachlässigte Details anhäufen, wird auch dein Geist unruhig, unordentlich und ineffizient. Räume auf, um deinen Geist zu reinigen. Befreie dich so weit wie möglich von früheren Aufgaben, vor allem von denen, die du seit Monaten vor dir herschiebst. Achte bewusst auf ungelöste Angelegenheiten auf der materiellen Ebene. Welche Schritte solltest du heute unternehmen, um Gleichgewicht und Gesundheit in deinem Leben zu fördern? Gibt es Themen, die sich um deinen Körper, dein Zuhause, deine Familie, deine Gemeinschaft, deine Finanzen oder deinen Arbeitsplatz drehen? Hast du deinen unausgeglichenen körperlichen, emotionalen oder mentalen Zustand zu lange missachtet?

Betrachte all diese Dinge liebevoll, ohne die Sorge, dass heute alles erledigt werden muss. Schließlich wirst du noch viele Montage haben, und zwei der wichtigsten Eigenschaften, die dein Wurzelchakra in dir wecken möchte, sind Geduld und Ausdauer. In der materiellen Dimension lassen sich Prozesse nicht überstürzen. Vielmehr erfordern sie oft eine stetige Kultivierung mit umfassender Aufmerksamkeit für die kleinsten Details. Dies kann eine Herausforderung für diejenigen sein, die dazu neigen, zerstreut, sprunghaft oder nicht geerdet zu sein. Den Montag zu deinem Tag der Erdung zu machen, ist eine wirkungsvolle Methode, dieses Widerstreben abzubauen und ein reiferes Verständnis für das Leben als langfristiges Projekt zu entwickeln.

Denke einen Moment lang an die unermüdliche Leidenschaft, mit der manche Insektenvölker ihre Bienenstöcke, Ameisenhaufen oder Termitenhügel errichten. Der Widerwille gegen Details oder umständliche bürokratische Verfahren wird dich nicht weiterbringen. Wenn du hingegen einen Tag für diese Zwecke freimachst und dabei weißt, warum du das tust, werden selbst diese scheinbar lästigen Dinge wichtig und ein wesentlicher Teil deiner Woche als Ganzes.

Ein letzter Segen dieses Tages ist das Wachsen deiner Verbindung mit der Weisheit deines Körpers. Das Wurzelchakra ist mit dem subtilen Körper der Ernährung verbunden, *Annamaya Kosha* genannt.[25] Als das Chakra der grundlegenden Gesundheit gemahnt es dich, dafür zu sorgen, dass du körperlich genährt und getragen bist. Sei dir der Bedürfnisse deines Körpers gewahr, denn sie sind die Zutaten, die mehr als alles andere die Wurzeln deines Seins ausmachen.

Verbinde dich mit dem Glück des Tages

Der Tag der Erdung mag dir weit weniger romantisch oder aufregend erscheinen als die anderen sechs Tage. Er mag dir sogar als bloße Vorbereitung auf die folgenden Tage erscheinen. Diese eingeschränkte Wahrnehmung kann dazu führen, dass du das Glück verpasst, das dich heute erwartet: das Glück, die subtilen Gesetze zu begreifen, die das Maß an Gesundheit, Harmonie und Frieden in deinem Leben bestimmen.

Wenn du diese Gesetze beherrschst, kommst du zu dem berauschenden Gefühl der Meisterschaft über dein Leben – wahrer Selbstbestimmung. Einfach ausgedrückt: Du weißt, wie du in dieser Welt der Formen und Handlungen leben kannst. Du hast das Wissen, das dir hilft, Prozesse in der realen Welt zu beherrschen. Es ist wie die Freude eines Hobbygärtners, der die Gesetze kennt, die Blumen blühen, Bäume wachsen und Gemüse aus der Erde sprießen lassen. Der Tag der Erdung soll dich zu einem Profi-Gärtner machen.

Meisterschaft bedeutet, alle Aspekte des Lebens im Griff zu haben. Und diese Beherrschung beginnt mit der Freude, den Planer in die Hand zu nehmen und die Woche zu gestalten. Denke daran, dass Zeit kunstvoll verwaltet werden kann und dass das Leben dein schöpferischer Prozess ist, formbares Rohmaterial. Anstatt auf deinen Terminkalender zu starren und zu denken: »Wie soll ich das alles schaffen?« versetze dich einfach in die Lage eines Schöpfers. Versuche, alles seinen Platz finden zu lassen, und du wirst schnell feststellen, dass sich die Zeit im Zuge deiner schöpferischen Absicht dehnt.

Je mehr du dich auf diesen Tag einlässt, desto mehr wird er dir die ihm innewohnende stille Ekstase offenbaren. Deine Entschlossenheit, eine geordnete und förderliche Umgebung zu schaffen, wird in dir den Sinn für echte Harmonie freisetzen. Diese Harmonie ist nicht auf dein Zuhause oder dein Büro beschränkt; genauso wie das chinesische Feng Shui und die heilige Architektur des hinduistischen Vastu Shastra die Menschen mit ihrer Umgebung in Einklang bringen, ist dies eine Ausrichtung auf die Gesetze, die die kosmische Ordnung regieren. Dadurch stimmst du dich auf größere Zyklen des Wachstums und der natürlichen Entwicklung ein. In der heutigen Zeit kann bereits die Sicherstellung einer gesunden Routine das Gefühl vermitteln, Teil einer größeren Ordnung zu sein.

Wiederhole diese Affirmationen

»Heute…

… bringe ich meinen Körper, meinen Geist und mein ganzes Leben in ein friedliches Gleichgewicht.«

… schaffe ich die Grundlagen für eine gesunde und glückliche Woche.«

… nehme ich die kleinen Details an und bringe Ordnung in mein Leben.«

… gebe ich meinem Leben Form und Struktur.«

… achte ich voll und ganz auf die Bedürfnisse meines Körpers.«

… lerne ich, wie ich mich gut ernähre.«

… richte ich mich in meinem Körper als meinem Erstwohnsitz ein.«

… sage ich ›Ja‹ zum Leben und all seinen Herausforderungen.«

… heile ich meine Beziehung zum Leben auf der Erde.«

… verbinde ich mich in einer Welt des ständigen Wandels mit meiner inneren Stabilität.«

Aktiviere dein Wurzelchakra

Vergewissere dich vor allem, dass du zu den Herausforderungen der Woche »Ja« sagen kannst. Diese innere Zustimmung sorgt dafür, dass du heute Morgen mit vollem Körpereinsatz aufstehst. Spüre, wie du den Montag mit deinem ganzen Wesen angehst. Wenn du einen Widerstand spürst, suche nach dessen Ursprung – oft handelt es sich um eine instinktive Angst oder einen Mangel an Vertrauen, der auf der Ebene des Wurzelchakras beginnt.

Mache eine Liste mit den unordentlichen Aspekten deines Lebens, die sich verbessern lassen, wenn du ihnen Aufmerksamkeit schenkst. Du wirst überrascht sein: Je mehr dein Bewusstsein wächst, desto mehr vergessene Elemente kommen an die Oberfläche. Schaue dir deine Liste an und wähle einen chaotischen Aspekt aus, auf den du dich heute konzentrieren willst. Wenn dieser Aspekt nicht an einem Tag gelöst werden kann, kannst du ihn zu deinem Montagsprojekt für mehrere aufeinanderfolgende Wochen machen.

Nimm dir Zeit für die Erstellung deines Zeitplans. Überstürze nichts. Genieße dein Werk. Schüttle das Gefühl der Ohnmacht angesichts einer langen Liste von Verpflichtungen ab. Sei entschlossen, Prioritäten zu setzen, auch wenn du einige Verpflichtungen oder eigene Aktivitäten aufschieben musst. Wenn du den siebentägigen Chakra-Pfad zur Grundlage hast, wird dein Leben viel einfacher, da du weißt, wann du die einzelnen Aktivitäten am besten angehst, und du wirst dazu ermutigt, Zeit für die Aspekte zu reservieren, die du in deinem Leben normalerweise übergehst. Wenn du jedoch mit der Planung von Aufgaben überfordert bist, solltest du nach einem Buch oder Kurs suchen, in welchem du die Kunst des Zeitmanagements erlernen kannst.

Der Montag ist der Tag für all die Pflichten und Aufgaben, auf die du *keine* Lust hast. Wurzelchakra-Aktivitäten sind oft zeitaufwendig und schrecklich eintönig. Wenn du nicht zu Routinen neigst, tröste dich damit, dass es sich nur um einen Tag handelt. Du hast den Dienstag – den Tag der Freude – als süße Entschädigung! Achte darauf, dass du nicht zu starr wirst und alle praktischen Aufgaben auf den Montag legst. Wenn dein Arzt nur mittwochs erreichbar ist, suche nicht gleich nach einem anderen, sondern nimm einfach den Montag für die Terminvereinbarung.

Wenn du zu den Träumern gehörst, die gerne in großen Dimensionen denken, aber praktische Dinge hassen, bestimme den ersten oder nächsten praktischen Schritt, der für dein Projekt erforderlich ist, und führe ihn heute aus. Selbst wenn dieser Schritt nicht so aufregend ist wie deine große Vision, denke daran, dass alle Visionen schließlich in das Wurzelchakra eingehen müssen, um sich in der Welt der Form zu manifestieren. Nimm heute generell einen praktischen Modus an, erledige die Dinge gewissenhaft und stelle sicher, dass du den Vorgang zu einem Abschluss bringst (zumindest innerhalb der Grenzen des Tages).

Kümmre dich liebevoll um deinen Körper. Hast du anhaltende körperliche Probleme? Leidet dein Körper unter chronischen Schmerzen oder Unbehagen? Gibt es bestimmte medizinische Eingriffe, die längst überfällig sind? Hast du dir in letzter Zeit die Zeit genommen, deinen Körper auf die nächste Stufe von Ausstrahlung und hoher Energie zu bringen? Dies ist deine Chance, nicht nur etwas für deinen Körper zu tun, sondern auch durch Bücher, Artikel, Videos und Kurse etwas über die Weisheit deines Körpers zu lernen. Informiere dich über Giftstoffe, die deine Gesundheit beeinträchtigen, über Nahrungsergänzungsmittel, die dich stärken können, oder über körperliche Übungen, die Schmerzen heilen.

Repariere Dinge! Heute ist eine gute Zeit, nicht nur deinen Körper zu reparieren, sondern auch dein Auto, deine Möbel, dein Haus und alle kaputten (oder fast kaputten) Geräte. Du kannst auch dein handwerkliches Geschick entwickeln, indem du Zeit in Do-it-yourself-Projekte investierst.

Richte dein Haus oder Büro neu ein. Eine sichere und entspannende Umgebung ist entscheidend für die Gesundheit des Wurzelchakras. Mehr noch, das Wurzelchakra verlangt nach Sauberkeit und Ordnung. Der Montag ist gut geeignet, um alte Dinge, die sich in deinem Haus angesammelt haben, wegzuwerfen, gründlicher als sonst zu putzen und dein Haus zu verschönern.

Praktiken für einen kraftvollen Tag

Aktivierung. Lächle in dein Wurzelchakra hinein oder benutze die Chakra-Blüten-Meditation in Kapitel III, um es wie eine Blume zur Erde hin zu öffnen und die Nahrung und Förderung zu spüren, die von Mutter Natur kommt. Achte darauf, dass sich die Heilkraft des Chakras auf die Beine und Füße und die gesamte Wirbelsäule ausbreitet. Alternativ kannst du langsam und tief in den Damm atmen und dir vorstellen, dass du mit jedem Atemzug die Wurzeln deines Wesens vertiefst und verdichtest. Du kannst auch aufstehen, beide Füße fest auf den Boden stellen und dich wie ein stabiler Baum aufrichten und laut »Ja« zu deiner kommenden Woche sagen. Wenn du es für angemessen hältst, stimme das Saat-Mantra des Wurzelchakras, *Lam*, an oder sprich es gedanklich aus.

Inspiration. Beschäftige dich mit Organisation, Zeitmanagement, Finanzmanagement, Kultivierung von Geduld und Fleiß, Änderungen des Lebensstils, Do-it-yourself-Ideen, körperlicher Gesundheit, Körperwissen, Ernährung, Diät, gesunden Rezepten, Nahrungsergänzungsmittel, Körperhaltung, der Weisheit der Natur, dem Gemeinschaftsleben von Bienen, Ameisen und Termiten und so weiter.

Vision. Spüre die vergangene Woche, die zu Ende gegangen ist, und die aktuelle Woche, die gerade begonnen hat. Wie möchtest du von jetzt an dein Leben gestalten? Wie könntest du deine Woche zu diesem Zweck kreativ strukturieren? Stelle dir vor, dass du körperlich, emotional und geistig in einem ausgeglichenen Zustand bist. Wie sieht das aus? Stelle fest, ob es Blockaden und Widerstände gibt, die dich davon abhalten, dich ernsthaft auf diesen Tag einzulassen. Entscheide dich schließlich für eine Aktivität und eine Übung, die dich dem Gleichgewicht zwischen Körper und Geist näherbringen.

Empfohlene Meditationsübung

Wir sind den ganzen Tag unterwegs, meist unbewusst. Wir gehen vom Wohnzimmer in die Küche, um uns etwas zu essen zu holen. Auf dem Weg dorthin gibt es wertvolle Momente, die für die Meditation genutzt werden können. Wenn du vor dem Kühlschrank stehst, könntest du bereits ein anderer Mensch sein, eine ganz und gar gegenwärtige Version deiner selbst. Normalerweise besteht der Zweck des Gehens darin, uns von einem Ort zum anderen zu bringen. Aber in der Gehmeditation wird der Weg mit Gewahrsein geladen. Man wird langsamer und eins mit der Bewegung. Natürlich geschieht dies nicht im normalen Tempo, aber sobald du dich innerlich darauf eingestellt hast, kannst du schneller gehen und trotzdem dein Gewahrsein beibehalten. Durch die Gehmeditation lernst du auch, die Füße auf den Boden zu setzen und wirklich bewusst auf dieser Erde zu gehen. In diesem Sinne kann sie auch deine Beziehung zu Mutter Erde heilen. Darüber hinaus bereitet die Gehmeditation darauf vor, in einem Zustand des Gewahrseins zu leben und zu handeln.

Du kannst diese Meditation barfuß oder mit Socken oder leichten Schuhen durchführen. Beginne im Stehen und verankere dich. Stelle dich mit den Füßen hüftbreit hin und verteile dein Gewicht gleichmäßig auf beide Füße. Nimm dir Zeit, um die Festigkeit des Bodens zu spüren. Richte deine Aufmerksamkeit auf deinen Körper und nimm wahr, wie er sich beim Stehen anfühlt.

Sobald du dich verwurzelt fühlst, gehe sehr langsam, halte deinen Blick einige Schritte vor dich auf den Boden gerichtet und schaue nicht auf etwas Bestimmtes. Gehe auf demselben kurzen, geraden Weg hin und her. Wenn du das Ende des Weges erreichst, bleibe stehen, drehe dich um, halte inne und beginne von neuem. Wenn deine Aufmerksamkeit abschweift, bringe sie immer wieder in den gegenwärtigen Moment zurück. Genieße jeden Schritt, den du tust. Küsse die Erde mit deinen Füßen und lasse beim Gehen Dankbarkeit und Liebe strömen. Wiederhole während des Gehens im Geiste: mit jedem Einatmen »im Hier« und mit jedem Ausatmen »im Jetzt«.[26]

Richte deine Aufmerksamkeit auf die Vielfalt der Empfindungen und Wahrnehmungen des gegenwärtigen Augenblicks. Spüre, wie deine Füße den Boden berühren, wie sich deine Muskeln bewegen, wie sich dein Körper ständig ausbalanciert und wieder ins Gleichgewicht bringt. Wenn du zu irgendeinem Zeitpunkt das Gefühl hast, stehenbleiben oder dich hinsetzen zu wollen, um zu üben, tu das.

Achte auf steife oder schmerzhafte Stellen im Körper und entspanne diese bewusst. Achte auf deinen Standort im Raum, die Geräusche um dich herum und die Lufttemperatur. Sei dir des Beginns, der Mitte und des Endes deines Schrittes gewahr. Werde dir deines gegenwärtigen emotionalen Zustands bewusst. Nimm deinen Geisteszustand wahr. Ist er ruhig oder geschäftig, umwölkt oder konzentriert? Ruht dein Geist im Hier und Jetzt oder träumt er vor sich hin?

Nach fünfzehn Minuten entspanne dich. Stehe auf und sammle die gesamte Energie aus der Übung in deinem Stehen. Du wirst heute viele Gelegenheiten haben, die Übung auf eine viel weniger anstrengende Weise fortzusetzen, wenn du dich von Ort zu Ort bewegst. Auch wenn du keinen Grund zum Gehen hast, unterbrich deine Aktivitäten ab und zu für ein paar Minuten der Bewegung. Und denke daran: Verlangsame dein Gehen und mache es dir bewusst. Du wirst erkennen, dass der Weg das Ziel ist und es nicht um das Ankommen geht.

Weitere Praktiken

- Trage tiefrote Kleidung, bringe Rotes an deinen Arbeitsplatz oder in dein Zuhause – es ist die alles tragende und erdende Farbe des Wurzelchakras.
- Sei körperlich aktiv, trainiere deine Ausdauer, unternimm lange Spaziergänge oder betätige dich im Garten. Verrichte langanhaltende körperliche Arbeit. Iss erdende Lebensmittel wie Wurzelgemüse, rote und orangefarbene oder fermentierte Lebensmittel und wärmende Gewürze wie Kardamom und Kreuzkümmel, bereite die Mahlzeiten selbst zu.[27]
- Übe Achtsamkeit. Diese weitverbreitete Meditation in Aktion verbindet Körper und Geist und verankert deine Aufmerksamkeit im Geschehen des gegenwärtigen Augenblicks. Daher ist sie eine sehr ausgleichende Übung.
- Weitere geeignete Praktiken, die ihren Ursprung in der östlichen Weisheit haben, sind Achtsamkeits-Atemmeditationen, die Vipassanā-Meditation, die die Aufmerksamkeit auf die Atmung und die Körperempfindungen lenkt, der Body Scan von Jon Kabat-Zinn und die Qigong-Übung »Stehen wie ein Baum« (*Zhan zhuang).*
- Überlege, einen Chiropraktiker, einen Osteopathen oder einen anderen Therapeuten aufzusuchen, der mit dem Bewegungsapparat arbeitet und deine Wirbelsäule ausrichten kann. Dies hat einen doppelten Effekt: Die Korrektur der Körperhaltung verbessert die körperliche Gesundheit und den Fluss der Lebenskraft, und gleichzeitig stärkt sie das Selbstvertrauen und das Gefühl, geerdet zu sein. Qigong – ein jahrhundertealtes System, das Körperhaltung, Bewegung, Atmung und

Meditation koordiniert – hat eine ähnliche Wirkung. Empfehlenswert ist auch die Massage der Beine und Füße, um Spannungen im Wurzelchakra zu lösen.

- Mache eine Erdmeditation – es gibt viele Techniken, die dich auf das Erdelement und den Planeten Erde einstimmen können.
- Der Montag ist ein guter Zeitpunkt, um tiefsitzende Traumata zu heilen. Wenn du in der Vergangenheit Schocks erlebt hast, die mit plötzlichen Veränderungen im Leben, körperlichen Verletzungen oder schweren Krankheiten, Unfällen oder Gewalt zu tun hatten, sind diese in deinem Wurzelchakra gespeichert. Suche nach Methoden, die dir helfen, die instinktiven Ängste loszulassen, die durch solche Erinnerungen ausgelöst werden.

Nimm die Herausforderungen an

Frage dich, ob es angesagt ist, dich mit Themen auseinanderzusetzen, die sich aus deiner montäglichen Begegnung mit deinem dich tragenden Chakra ergeben.

Bist du mit solchen Themen konfrontiert, etwa dem Gefühl der Zerstreutheit oder der Unausgeglichenheit? Achte auf Widerstände, die du möglicherweise erlebst, etwa den Wunsch, dich vor langfristig angelegten Vorgängen, kleinen, aber wichtigen Details oder einer gesunden Routine zu drücken. Achte darauf, ob du mit Zeitdruck oder einem ständig aus dem Ruder laufenden Zeitplan zu kämpfen hast. Achte auf unbewusste Gefühle; vielleicht hast du den Eindruck, das Leben auf der Erde sei schwierig oder sogar angsteinflößend. Erkenne Sorgen und Ängste, die möglicherweise deine täglichen Aktivitäten einschränken. Achte darauf, ob deine Wohnung dir ein tiefes und befriedigendes Gefühl von Heimat vermittelt. Achte auf körperliche Symptome, die mit dem Wurzelchakra zusammenhängen, insbesondere auf anhaltende Muskelschmerzen oder -verspannungen, etwa Nacken- oder Rückenschmerzen.

Du kannst dich entweder schriftlich mit diesen Herausforderungen auseinandersetzen oder nach Methoden suchen, die dich auf dem Weg zur Lösung dieser Probleme begleiten.

Tagebuch

Halte ein Tagebuch oder ein Notizbuch bereit, um deine Gedanken und Beobachtungen während des Tages festzuhalten. Du kannst ganz frei schreiben, aber hier sind einige Fragen, über die du in Bezug auf das Wurzelchakra nachdenken kannst:

- Inwieweit erlebe ich ein Gefühl innerer Stabilität, das auch angesichts von Veränderungen und äußeren Turbulenzen beständig bleibt?
- Erlebe ich Sorgen und Ängste? Wenn ja, welche Einsicht kann ich in diesen Momenten einbringen, um solche Gefühle loszulassen?
- Liebe ich meinen Körper? Kann ich erkennen, was ihn aus dem Gleichgewicht bringt und was ihn nährt und heilt?
- Wie kann ich andere Lebewesen nähren, die auf mich angewiesen sind, etwa meine Kinder, Haustiere oder Pflanzen?
- Macht es mir Spaß, einen Zeitplan zu erstellen, oder fühle ich mich ständig von dem Gefühl übermannt, dass der Tag nie genug Zeit hat?
- Vermeide ich es, mich mit notwendigen technischen Details zu befassen?
- Wie sorgfältig bin ich bei der Erledigung von Dingen, die Zeit und Geduld erfordern?

Den Tag beschließen

Dies war deine Begegnung mit der ersten Ebene deines Seins, der Ebene der Erdung, die durch dein Wurzelchakra repräsentiert wird.

Drücke deine Dankbarkeit für den heutigen Tag aus. Erinnere dich daran, was du im Laufe des Tages erledigt hast und was du geplant hattest. Erinnere dich an Ereignisse, die direkt oder indirekt mit den Themen des Chakras zu tun haben könnten. Versuche, nicht kritisch zu bewerten, wie viel du heute erreicht hast. Selbst kleine Schritte sind echte Schritte, die du unternommen hast, und du hast nicht nur dieses eine Chakra, sondern deine gesamte Chakra-Säule zu mehr Wachstum angeregt.

Kurz vor dem Einschlafen, bevor du ins Bett gehst oder während du schon im Bett liegst, lenke deine Aufmerksamkeit in dein Wurzelchakra tief im Dammbereich. Visualisiere, wie dieses Chakra dank deiner hingebungsvollen Aufmerksamkeit heute wunderbar aktiv ist, pulsiert und sich wie ein Rad um seine Achse dreht. Stelle dir vor, dass sich in der Mitte des Rades ein konzentrierter und hochpotenter Punkt befindet, der in rotem Licht leuchtet.

Spüre, wie sich dieser konzentrierte Punkt roten Lichts im ganzen Körper ausbreitet, die Beine bis zu den Füßen bedeckt und bis zum Scheitel gelangt. Spüre, wie durch diese Visualisierung das Chakra sein einzigartiges Bewusstsein und seine Weisheit in Körper und Geist entlässt. Lasse die Chakra-Energie mit ihren heilenden Kräften in jeden physisch, emotional oder mental blockierten Bereich gelangen und ihn durch ihr glühendes rotes Licht entwirren und beruhigen. Jetzt strahlt dein ganzes Wesen von Kopf bis Fuß in rotem Licht; sogar die Oberfläche deiner Haut strahlt dieses Licht aus.

Umgeben von diesem roten Licht denke einen Augenblick über die größte Lehre des Wurzelchakras nach: Du kannst tief in dir ein Gefühl von bedingungsloser und eigenständiger Stabilität und Sicherheit erfahren, selbst inmitten einer instabilen und sich ständig verändernden Welt.

Lasse nun das rote Licht sich wieder in dem konzentrierten roten Punkt auflösen. Indem du einem Chakra deine volle Aufmerksamkeit widmest, machst du jetzt ganz natürlich und mühelos einen Sprung zum nächsten Chakra auf der Chakra-Leiter. Spüre für einen kurzen Moment die Vorfreude auf die morgige Frequenz: den Tag der Freude, den Tag des Sakralchakras.

2
Dienstag:
Das Sakralchakra am Tag der Freude aktivieren

Am tiefsten Punkt des Unterleibs – auf der Höhe des Schambeins, direkt über den Genitalien – befindet sich das Sakralchakra (Swadhisthana). Die tantrischen Schriften sprechen von ihm als dem Speicher unserer ruhenden Lebenskraft, der mächtigen Quelle aller Leidenschaft.[28] Während die traditionelle Weltanschauung dieses Chakra als eine spirituelle Barriere betrachtet, die zur Anhaftung an sinnliche Versuchungen und Wünsche führen kann, bestimmt seine positive Seite unsere Fähigkeit, die Geschmäcker, Säfte und Freuden des Lebens voll auszuschöpfen und zu genießen. Der Dienstag ist deine Gelegenheit, die sinnliche Dimension deines Lebens zu feiern und deine ganze Woche mit der Farbigkeit des Sakralchakras zu erfüllen.

Spüre den Tag der Freude

Guten Morgen! Du bist soeben zu einem Tag aufgewacht, an dem deine fünf Sinne eingeladen sind, sich zu entfalten und alle möglichen Freuden des Lebens zu genießen. Vor allem: Lächle! Auch wenn du noch etwas benommen oder voller Gedanken bist, macht das nichts. Indem du ein breites Lächeln auf dein Gesicht zauberst, nimmst du Kontakt mit der Frequenz des Dienstags auf und teilst deinem Sakralchakra mit, dass du bereit bist.

Beachte, wie schön dieser Tag der Freude gelegen ist. Glücklich zwischen dem Tag der Erdung und dem Tag der Kraft eingebettet, trägt er dazu bei, jedes Übermaß von Linearität und Fortschritt zu durchbrechen. Während alle drei Tage zu einer Phase gehören, die ganz der Kultivierung deiner Beziehung zur materiellen Welt gewidmet ist, fungiert der Dienstag als schalkhafter Unterbrecher, der dafür sorgt, dass du nicht in einen Trott gerätst, in dem du dich nur auf Pflichten, Details und die Bewältigung von Herausforderungen konzentrierst, wie es jeder Erwachsene tun »sollte«.

Der Dienstag feiert das Leben. In vielerlei Hinsicht ist das Universum ein Fest der eruptiven Energien, Körper und Leidenschaften. Die vielen Wechselwirkungen zwischen diesen Elementen bieten unzählige aufregende und beglückende Erfahrungen. Der Dienstag lockt dich, deine Routine hinter dir zu lassen und dich dieser Party anzuschließen. Deine täglichen Verpflichtungen und Tätigkeiten, die alle zukunftsorientiert sind, zeigen dir die Sinnhaftigkeit eines sorgfältig aufgebauten Lebens. Aber am Dienstag geht es um das Leben im Hier und Jetzt, um den Sinn des Lebens in diesem Augenblick, der sich weit in alle Richtungen ausdehnt.

Lasse mögliche Bedenken hinter dir, du könntest durch den Tag der Freude wertvolle Zeit verlieren, die du brauchst, um in dieser Woche weiterzukommen. Denn zum einen bietet dir die Chakra-Woche drei volle Tage, um in der Welt zu wirken: Montag, Mittwoch und Freitag. Und zum anderen geht der Fortschritt immer weiter, und wenn du dieses nagende Gefühl in deinem Unterleib unterdrückst, das dir sagt, »dies kann nicht alles sein im Leben«, könnte es passieren, dass alle Säfte und Leidenschaften deines Lebens versiegen. Als Kind wusstest du, dass das Leben an sich reine Freude ist, die keiner Rechtfertigung bedarf. Du brauchst nicht hart zu arbeiten, um es zu verdienen. Es ist dein Geburtsrecht, dieses Geschenk heute zu genießen.

Du hast genug Zeit, um innezuhalten und dich der Schönheit des Lebens und der Tatsache, dass du lebst, bewusst zu werden. Atme diese einfache Erkenntnis tief ein. Frage dich dann, was dir wirklich und zutiefst Freude bereitet. Lasse die Freude heute dein Kompass sein; er verbindet dich mit dieser Dimension deines Lebens.

Bist du noch im Bett?

Erkenne die Segnungen

Wenn du deinen Tag beginnst, öffne dich, um seine strahlende Weisheit, seine Gaben und Kräfte zu empfangen. Das Sakralchakra ist das Zentrum in dir, das den Grad deiner Begeisterung für das Leben bestimmt. Wie viel Leidenschaft brennt in dir, um einen neuen Tag zu beginnen? Ein neuer Tag ist nicht bloß ein weiterer Tag; er kommt mit unerforschtem Potential an Erfahrungen, Offenbarungen und Kreativität, nicht mit Wiederholung von Routinen. Am Dienstag geht es darum, das Gefühl der erregenden Frische wiederzufinden. Er ist deine kostbare Gelegenheit, mit der Flamme des Lebens in dir in Kontakt zu treten.

Gib der Spontaneität eine Chance. Folge eher Impulsen und Gefühlen als Gedanken und Konzepten. Lasse dich überraschen. Zumindest für heute muss das Leben nicht in geraden Bahnen verlaufen. Wann hast du deinen Tag zuletzt als unvorhersehbares Abenteuer betrachtet? Oft öffnet das Durchbrechen der Routine die Tür zu brillanten, unkonventionellen Ideen oder zu Lösungen für anhaltende Probleme, die unser lineares Denken aufgrund seiner engen und starren Sichtweise übersehen hat.

Spontaneität ist eine Möglichkeit, das Sakralchakra zu nähren. Es ist in der Tat ein hungriges Zentrum in dir, und wenn du neue Wege findest, es zu sättigen, wird es dich mit seiner wiederhergestellten Energie belohnen, dich mit einer überfließenden Lebenskraft ausstatten und jede Spur von Erschöpfung oder Depression beseitigen. Es wird dich mit dem verlorenen Gefühl des Kindes erfüllen, das du einmal warst, mit dem Gefühl, dass das Leben ein Spielplatz ist und dass du ein Spieler bist.

Aber was essen unterernährte Sakralchakren gerne? Angenehme Eindrücke und die sinnliche Teilhabe an den Freuden des Lebens, von der Fütterung der Augen mit Schönheit und ästhetischem Genuss über das Erleben intimer Berührungen bis hin zu den berauschenden Sinneseindrücken von süßen Speisen und kunstvoller Küche bis hin zum Lachen, das sich mit heilenden Kräften im ganzen Körper ausbreitet. Es gibt heute keinen Grund zur Zurückhaltung. Es gibt genug Chakratage, an denen du deine Leidenschaften einschränken und in »feinere« Bahnen lenken kannst. Heute geht es darum, stärker zu fühlen und mehr zu erleben. Es ist zwar gut, einige deiner selbstzerstörerischen Impulse zu zähmen, aber achte darauf, dass du nicht das Kind mit dem Bade ausschüttest; werde nicht moralisch »gut« auf Kosten deiner farbenfrohen – ja sogar wilden – Seiten. In der Tat sind viele Süchte und Obsessionen verdrehte Formen dieser Unterdrückung. Sobald du dieses Chakra nährst, kommt die Freude in ihrer ursprünglichen und unverfälschten Form wieder zum Vorschein.

Die Botschaft des Dienstags ist, deinen Körper und seine Sinne als Erweiterung der explosiven Energien der Natur zu aktivieren. Denke an Schmetterlinge, Regenbögen und Frühlingsblumen; sie alle sind Ausbrüche der Lebensfreude und Kreativität, die unsere Sicht auf die Welt großzügig mit intensiven Farben bepinseln. Dein Körper ist nicht nur ein Vehikel, das dich vom Büro zum Sofa bringt; er ist ein untrennbarer und lebendiger Teil der Natur, und durch seine Sinne hat er die Möglichkeit, dieses Leben aus Anblicken, Klängen, Geschmäckern, Gerüchen und Empfindungen zu erkunden. Folge den elementaren Kräften deiner Sinne, um in Kontakt mit den vielen Angeboten des Lebens zu kommen.

Verbinde dich mit dem Glück des Tages

Es gibt zwei Hauptarten von Sinn und Glück. Die eine liegt in der Art und Weise, wie wir uns stetig ein stabiles Leben aufbauen, das wächst und gedeiht. Dieses Gefühl einer sich entfaltenden Verwirklichung unseres Potentials ist eng mit dem Gefühl verbunden, dass es eine erstrebenswerte Zukunft gibt. Aber das ist nur die eine Seite. Die andere Art von Glück lässt sich nicht aus der Zukunft ableiten. Tatsächlich kann man es nur erfahren, wenn man selbst die subtilste Form des Zuwartens meidet. Es ist das Glück des Hier und Jetzt.

Das Glück der Gegenwart offenbart sich, wenn man sich nicht beeilt, am großen Projekt Zukunft mitzuwirken. Mache lieber langsam und schaue dich um. Richte deine Aufmerksamkeit auf die einfachen, meist übersehenen Dinge des Lebens. Zum Beispiel, dass du lebst und atmest oder dass die Wolken am weiten blauen Himmel atemberaubende Formationen bilden oder dass die fröhlichen und süßen Stimmen spielender Kinder in dein Büro dringen. Wenn du einen tiefen Blick in das Herz des Augenblicks wirfst, stellst du fest, dass er tatsächlich problemlos ist. Er überwindet die unbewusste Besessenheit, nach Problemen zu suchen und sich um ihre Lösung zu bemühen. Im Kern des Jetzt gibt es ein sprudelndes Gefühl von Freude, und von dort aus breitet es sich im Kosmos mit seinen ungeheuer kunstvollen Ausdrucksformen aus. Wenn du all das erkennst, wird dir vielleicht klar, dass du den Reichtum dieses Augenblicks kaum fassen kannst, wie könntest du dich also nach etwas anderem als diesem Augenblick sehnen?

Suche heute nach dieser Art von Glück. Deshalb solltest du dich so viel wie möglich mit Dingen beschäftigen, die von Leidenschaft getrieben sind und nicht an ihrem Ergebnis gemessen werden. Tu Dinge ohne guten Grund: Male, schreibe ein Gedicht, spaziere im Park oder mache Fotos, die Einzelheiten des Lebens und der Welt festhaltend. Nicht alle Handlungen sollten zweckgebunden sein, darauf ausgerichtet, etwas zu erreichen; manche Dinge geschehen einfach aus einem Impuls heraus und sind dahin, ohne Spuren zu hinterlassen.

Vergnügungen sind ein gutes Beispiel für Aktivitäten, die aus dem Glück des Jetzt entstehen. Sie erscheinen und verschwinden. In dieser Ganzheit zu tanzen hat keine darüber hinausgehende Bedeutung; du wirst diese Ekstase nicht bewahren können, was ist also der Zweck? Es gibt keinen Zweck. Vergnügen ist nur im Jetzt sinnvoll. Genieße daher angenehme Erfahrungen und wisse, dass sie nicht von Dauer sind. Erlebe sie intensiv; sie bergen unbekannte Tiefen von Gefühlen und Empfindungen. Im Reich der Gefühle gibt es so viel zu entdecken, doch nur deine tiefe Hingabe an das Jetzt öffnet dir dieses Reich.

Wiederhole diese Affirmationen

»Heute…
… folge ich meinem Genussinstinkt.«
… lasse ich das freudige Kind in mir frei, das erleben und erforschen will.«
… erlaube ich der Spontaneität, mir den Weg zu zeigen.«
… erkenne ich die Schönheit des Lebens im Hier und Jetzt.«
… werde ich mir der Feier der Natur und des Kosmos bewusst.«
… bemerke ich die leuchtenden Farben des Lebens.«
… öffne ich alle meine fünf Sinne.«
… fühle ich den Fluss der Lebenskraft in meinem Körper sprudeln.«
… tanze ich durchs Leben.«
… behalte ich mein inneres Lächeln, egal was passiert.«

Aktiviere dein Sakralchakra

Schaffe dir genügend Raum für Freizeit und erlaube dir sogar, faul zu sein. Dies mag dir als eine seltsame »Aktivität« erscheinen, da es in vielerlei Hinsicht eine Nichtaktivität ist. Doch das Gefühl, mitten in der Woche eine Atempause zu haben, unterbricht das Vorankommen und nährt das Sakralchakra.

Sei spielerisch – nicht nur im Geiste. Du kannst dir Zeit nehmen, dich mit der Familie oder guten Freunden zu treffen und dich ganz dem gemeinsamen Spiel zu widmen. Spiele jeglicher Art regen dein inneres Kind an. Die Verbindung zu Kindern und Tieren ist eine weitere Möglichkeit, Zugang zur Verspieltheit zu finden.

Sei ohne besonderen Grund schöpferisch. (Kreativität, die einen klaren Zweck verfolgt, gehört zum Freitag, dem Tag des Ausdrucks.) Heute ist der Tag, an dem du ein Gedicht oder eine Kurzgeschichte schreibst, malst, singst oder dein Haus neu gestaltest, alles nur der reinen Freude wegen. Die Kreativität des Sakralchakras ist der freudige Ausdruck des Lebendigseins; sie ist von überfließenden Gefühlen durchdrungen.

Finde Möglichkeiten, unterschiedliche Künste zu genießen. Du kannst ein Museum oder eine Theater- oder Musikaufführung besuchen. Fülle deine Augen und Ohren mit Schönheit, die dein ästhetisches Empfinden anregt. Höre Musik, die du liebst. Auch ein Aufenthalt in der Natur kann dich dem Wunder der Schöpfung näherbringen.

Erlebe ein Abenteuer. Das muss nicht unbedingt eine große Unternehmung sein. Es kann ein ungeplantes Erlebnis sein, das mit deinen täglichen Gewohnheiten bricht. Wenn du beispielsweise mit dem Auto eine ungewohnte Strecke fährst, die Reihenfolge deiner geplanten Ereignisse auf den Kopf stellst oder überraschend eine Veranstaltung besuchst – etwa eine beeindruckende Planetariumsshow –, kann dir das die Gewissheit geben, dass es im Leben immer noch neue Dinge zu entdecken gibt. Auch die *Planung* eines Urlaubs oder eines spannenden Projekts kann anregend sein: Das zweite Chakra ist der Ort, an dem alle aufregenden Ideen und Visionen zum ersten Mal von der Flamme des Lebens entzündet werden.

Gehe Risiken ein. Nicht alle Risiken sind gefährlich. Viele davon erfordern lediglich, dass du dich traust, sie einzugehen: eine Verabredung treffen, an einem kreativen Projekt mitarbeiten, ein Gespräch über ein Thema beginnen, dem du normalerweise ausweichst, oder Zeit, Energie und vielleicht auch ein wenig Geld in ein Projekt investieren, das nicht unbedingt erfolgversprechend ist. Auch wenn du im Leben herausgefordert wirst, kannst du mit Reaktionen experimentieren, die dir eigentlich nicht liegen. Übe ganz allgemein, im Flow zu sein. Was auch immer das Leben dir bringt, nimm es unbeschwert an und suche nach kreativen Möglichkeiten, darauf zu reagieren.

Koche oder backe. Finde interessante, kunstvolle und köstliche Rezepte. Ein untrennbarer Teil der Lebensfreude hängt mit unseren Geschmacksknospen zusammen. Das Sakralchakra hat eine besondere Neigung zu intensiven Gewürzen und berauschenden Desserts. Nutze die Gelegenheit für ein fröhliches Abendessen mit Freunden oder lerne neue Geschmacksrichtungen in einem neuen Restaurant kennen. Mit den Händen zu essen ist erwiesenermaßen eine gesunde Gewohnheit, die nicht nur das Sättigungsgefühl fördert, sondern auch den Genuss.[29]

Sei sinnlich. Der sinnliche Kontakt deines Körpers mit der Welt ist eine Quelle vieler möglicher Vergnügungen. Lasse dich massieren oder genieße eine zutiefst befriedigende Sexualität. Weitere schöne Möglichkeiten, sinnlich zu sein, sind die Pflege deiner körperlichen Schönheit und der Besuch einer Tanzparty.

Suche nach Gelegenheiten, so viel wie möglich zu lachen, etwa beim Anschauen einer guten Komödie. Lachen ist die gesunde Einstellung des Sakralchakras zum Leben.

Praktiken für einen kraftvollen Tag

Aktivierung. Lächle in dein Sakralchakra hinein oder benutze die Chakra-Blüten-Meditation in Kapitel III, um es wie eine Blüte hin zur Welt zu öffnen. Alternativ kannst du den Beginn deines Tages der Freude feiern, indem du eine dynamische Meditation durchführst, zu Musik tanzt, die dich glücklich macht, oder einen kurzen Spaziergang im Freien unternimmst, um die wache Welt zu begrüßen und in das Hier und Jetzt einzutauchen.

Inspiration. Betrachte oder lies Materialien über die Kraft des Lächelns und des Lachens, Kinder und das (positive) innere Kind, die Kraft der Phantasie, darüber, wie man im Geiste jung bleibt, über die Künste, Schönheit und Ästhetik, Poesie, Kreativität, die Kraft der Farben, Natur und Tiere, gesunde Sexualität, ekstatischen Tanz, kreatives Kochen und Backen und so weiter.

Vision. Überlege, wie du dich an deinem Dienstag tiefer auf die Freude am Leben einlassen kannst. Stelle dir vor, dass du dich heute in einem Zustand tiefster Ausgelassenheit und Freude befindest. Wie sieht das aus? Finde heraus, ob es Blockaden gibt, die dich hindern, dein Leben und deine Körperlichkeit voll zu genießen. Gibt es irgendetwas, das dir das Gefühl gibt, nicht lächeln oder lachen zu können, nicht mit deinen Problemen fertigzuwerden? Welche Gedanken halten dich heute Morgen in einem ernsten Zustand? Entscheide dich bewusst für eine Tätigkeit und eine Übung, die deinen Tag herausreißen kann.

Empfohlene Meditationsübung

Lachen hilft nachweislich, Ängste, Stress und Depressionen abzubauen. Daher ist es äußerst sinnvoll, dass es zu einer weitverbreiteten, bewussten Meditationsart wurde.[30] Lachmeditation ist eine Möglichkeit, Freude zu schöpfen, die in andere Bereiche deines Lebens fließen kann. Sie hilft dir zu erkennen, wie viel es in deinem Leben noch gibt, für das du dankbar sein und das du feiern kannst. Da die Lachmeditation nicht davon abhängt, dass etwas tatsächlich lustig ist, stellt sie eine Verbindung zur unbegründeten Freude her. Du verbindest dich mit deinem authentischen Lachen, das keines Grundes oder einer rationalen Erklärung bedarf. Diese Meditation bringt dich dazu, dein ernstes, erwachsenes Ich beiseitezulassen; es ist schwierig, gleichzeitig zu lachen und zu denken. Die Lachmeditation ist auch eine Gelegenheit, auf kreative Weise Zugang zu deinen Gefühlen zu bekommen. Wenn du ganz beim Lachen bist, löst du wichtige Emotionen, die die Tür zu anderen Emotionen wie Traurigkeit, Wut und Angst öffnen. Lachen bringt feststitzende Energien an die Oberfläche und ermöglicht ihr freies Fließen. Manchmal kann es in Weinen übergehen – das ist völlig in Ordnung! Wenn das passiert, kannst du es eine Zeitlang zulassen, bis es wieder zum Lachen wird.

Das Hauptaugenmerk dieser Meditation liegt natürlich auf dem Lachen. Es gibt keine Objekte, auf die du dich konzentrieren müsstest, oder Visualisierungen, die dich irgendwo hinführen. Beginne damit, deinen Körper durch einige Bewegungen zu entspannen. Strecke die Arme hoch über den Kopf, wiege deinen Körper von einer Seite zur anderen, massiere deinen Kiefer und gähne mindestens zwei Mal, um deinen Mund zu lockern und die Kiefermuskeln zu entspannen. Suche dir als nächstes eine bequeme Position im Sitzen oder Stehen. Bei manchen Menschen entspannt das Liegen die Bauchmuskeln und lässt das Lachen freier fließen. Folge deiner Intuition.

Schließe die Augen und nimm Kontakt mit dem inneren Lachen auf, das dich in der Tiefe deines Wesens erwartet, oder denke an etwas

Lustiges. Beginne mit einem leichten Lächeln und fang dann an, ohne große Anstrengung zu lachen. Gehe vom Kichern allmählich zu einem tiefen Bauchlachen über. Probiere verschiedene Arten des Lachens aus, um dein wahres Lachen zum Vorschein kommen zu lassen.

Selbst wenn es als erzwungenes Gefühl beginnt, wird das erzwungene Lachen in kürzester Zeit zu echtem Lachen – lass es zu, bis es natürlich wird.

Wenn es weitergeht, verliere dich im Lachen. Sei besessen vom Lachen. Lass es alles in dir wegschwemmen, alle Gedanken, alle Gefühle. Lass alle Grenzen zwischen dir und der Existenz verschwinden. Erlaube dem Lachen, alle Spannungen wegzuschmelzen. Lasse deinen Körper in einer leichten, spielerischen Weise herumrollen. Manchmal stößt du auf Blockaden, etwa Wut; lache sie aus. Lass das Lachen alles überfluten, was deiner Ekstase im Weg ist. Tu dies mindestens fünfzehn Minuten lang.

Dann sitze oder liege still auf dem Boden. Sammle die ganze Energie in dir und achte darauf, was bei dir hochkommt. Du kannst dich mit deinem Unterbauch verbinden, wo sich dein Sakralchakra befindet, indem du in ihn hineinatmest und ihn hältst. Geläutert durch Lachen und Stille, öffne dich für einen Tag des Lachens. Wann immer es möglich ist, kichere oder lache sogar, als ob du über einen Witz lachen würdest. Lache, wenn du das Gefühl hast, dass du zu ernst wirst oder dich in einem unbewussten Gedanken oder Gefühl verlierst. Denke daran, dass du frei bist, wenn du ohne Grund lachen kannst.

Weitere Praktiken

- Kleide dich in leuchtendes Orange – die Farbe der Freude im Sakralchakra – und hole es dir an deinen Arbeitsplatz oder in dein Zuhause.
- Achte bei der Auswahl einer geeigneten körperlichen Übung für deinen Tag der Freude darauf, dass die Übung Spaß macht, und keine ist, bei der es um Leistung geht.

- Atemübungen wie die verschiedenen yogischen Pranayama-Techniken und die volle yogische Atmung, können eine bessere Atmung fördern – und vollere Atmung bedeutet verstärkte Lebenskraft.
- Jede dynamische Meditation eignet sich für den Tag der Freude. Das zugrundeliegende Prinzip solcher Meditationen ist, dass die körperliche Befreiung zu spiritueller Läuterung führt. Darüber hinaus befreien sie den Körper von geistigen Einschränkungen und lassen die Lebenskraft freier fließen. Versuche eine der aktiven Meditationen von Osho, wie seine dynamische Meditation, die Kundalini-Meditation, *Nataraj* oder *Gourishankar*. Osho war ein indischer Mystiker des zwanzigsten Jahrhunderts, der glaubte, dass die Menschen vor einer ruhigen, inaktiven Sitzmeditation kathartische Meditationen durchführen sollten.[31]
- Es gibt einige östliche Praktiken, die die Lebenskraft stärken und das schlummernde Potential des Sakralchakras wecken. Einige Beispiele sind das chinesische Tai Chi, Mantak Chias taoistisches Tantra und inneres Lächeln, die tibetische Tummo-Meditation (inneres Feuer) und jede Art von yogischer Kundalini-Praxis. Befolge sie in Maßen – denke daran, dass das Sakralchakra zielgerichtete Handlungen nicht mag.
- Das Waldbaden, auch Shinrin-yoku genannt, ist eine japanische Übung, bei der die Kräfte der Wälder und Bäume für Heilungsprozesse genutzt werden. Die Praxis, bei der es darum geht, über die Sinne mit dem Wald in Verbindung zu treten, ist recht einfach, doch ihre erwiesenen gesundheitlichen und spirituellen Vorteile sind enorm.[32]
- Nimm an schamanischen oder spirituellen Veranstaltungen teil, bei denen die Teilnehmer in tranceartige Zustände versetzt werden. Oft geschieht dies durch Manipulation der Atmung oder Trommeln.
- Überrasche dich so oft wie möglich jeden Dienstag mit anderen Übungen. Das Sakralchakra mag keine Wiederholungen!

Nimm die Herausforderungen an

Achte darauf, ob es angesagt ist, dich mit Themen zu befassen, die mit sinnlichen Erfahrungen zu tun haben.

Fällt es dir schwer, dir einen Tag voller Freude zu gönnen? Kommt es dir wie Zeitverschwendung vor oder als etwas, das du nicht verdienst? Prüfe, ob dieser Tag dich mit moralischen Fragen oder starren Vorstellungen von der »richtigen« Lebensweise konfrontiert, die tief in dir schlummern. Überlege, ob deine lustvollen Erfahrungen begrenzt sind, weil du zu viel Angst hast, enttäuscht zu werden, wenn das Leben dich wieder einholt. Gibt es eine Tendenz in dir, Triebe und Impulse in einer Weise zu unterdrücken, die deine Lebenskraft erstickt? Achte auf Gefühle der Niedergeschlagenheit – die dunkle Seite des Sakralchakras –, die im Hintergrund deines Wesens lauern und dich davon abhalten, dich wirklich auf Freude einzulassen. Achte darauf, ob dieser Tag Themen wie komplizierte oder konfliktreiche Sexualität aufwirft. Achte darauf, ob du mit bestimmten Abhängigkeiten und Obsessionen – verdrehten Formen der Freude – konfrontiert bist, die du im Laufe der Zeit entwickelt hast.

Du kannst dich entweder schriftlich mit diesen Herausforderungen auseinandersetzen oder nach Methoden suchen, die dich auf dem Weg zur Lösung dieser Probleme begleiten.

Tagebuch

Halte ein Tagebuch oder ein Notizbuch bereit, um deine Gedanken und Beobachtungen während des Tages festzuhalten. Du kannst ganz frei schreiben, aber hier sind einige Fragen, über die du in Bezug auf die Arbeit, die du für das Sakralchakra tust, nachdenken kannst:

- Inwieweit erlebe ich ein Gefühl der inneren Freude, auch wenn die tägliche Routine sie zu zerstören droht?
- Erliege ich Gefühlen der Depression? Werde ich oft von Erschöpfung und Kraftlosigkeit übermannt? Wenn dies häufig vorkommt, welche Erkenntnisse kann ich in diesen Momenten gewinnen?

- Kann ich die Gedanken identifizieren, die mich meiner inneren Freude berauben?
- Wie viel Freude kann ich empfinden?
- Versuche ich so sehr, Schmerzen zu vermeiden, dass ich am Ende nur noch wenig vom Leben habe?
- Wird meine körperliche Freiheit durch Tabus und Scham gehemmt? Wie kann ich meinen Körper in seine natürliche Freiheit entlassen?
- Kann ich einige meiner Abhängigkeiten erkennen? Wie kann ich sie in gesündere Muster umwandeln, die mich wirklich glücklich machen?
- Fühle ich mich in der Lage, gerade jetzt grundlos zu lächeln oder gar in Gelächter auszubrechen?
- Atme ich im Moment voll durch?
- Bin ich verspielt, phantasievoll und abenteuerlustig?
- Fühle ich mich mit der Natur verbunden? Was kann ich von der Natur für meine Lebensweise und Körperlichkeit sowie mein Lebensgefühl lernen?
- Wie ist mein Verhältnis zur Sexualität und wie kann ich es auf die nächste Stufe heben?
- Welche Erfahrungen erfüllen mich mit Schönheit und Ehrfurcht?

Den Tag beschließen

Dies war deine Begegnung mit der zweiten Ebene deines Wesens, der Ebene der Freude, die durch dein Sakralchakra repräsentiert wird.

Drücke deine Dankbarkeit für den heutigen Tag aus. Erinnere dich daran, was du im Laufe des Tages getan hast, entweder praktisch oder in Gedanken. Erinnere dich an Ereignisse, die direkt oder indirekt mit den Lektionen des Chakras zu tun haben. Versuche nicht, kritisch zu bewerten, wie viel du heute erreicht hast. Selbst kleine Schritte sind tatsächliche Schritte, die du getan hast, und du hast nicht nur dieses eine Chakra, sondern deine gesamte Chakra-Säule zu mehr Wachstum angeregt.

Kurz vor dem Einschlafen, bevor du ins Bett gehst oder während du schon im Bett liegst, lenke deine Aufmerksamkeit zu deinem Sakralchakra hinter dem Schambein. Visualisiere, wie dieses Chakra dank deiner hingebungsvollen Aufmerksamkeit heute wunderbar aktiv ist, pulsiert und sich wie ein Rad um seine Achse dreht. Stelle dir vor, dass sich in der Mitte des Rades ein konzentrierter und hochpotenter Punkt befindet, der in orangefarbenem Licht leuchtet.

Spüre, wie sich dieser konzentrierte Punkt orangenen Lichts im ganzen Körper ausbreitet, die Beine bis zu den Füßen bedeckt und bis zum Scheitel gelangt. Spüre, wie das Chakra durch diese Visualisierung sein einzigartiges Bewusstsein und seine Weisheit in Körper und Geist entlässt. Lasse die Chakra-Energie mit ihren heilenden Kräften in jeden körperlich, emotional oder mental blockierten Bereich gelangen und ihn durch ihr leuchtendes orangefarbenes Licht entwirren und beruhigen. Jetzt strahlt dein ganzes Wesen von Kopf bis Fuß in orangefarbenem Licht; sogar die Oberfläche deiner Haut strahlt dieses Licht aus.

Umgeben von diesem orangefarbenen Licht, betrachte einen Moment lang die größte Erkenntnis des Sakralchakras: Du bist in der Lage, das Gefühl bedingungsloser und unbändiger Freude und Glück tief in dir zu erfahren, selbst inmitten der Gegensätze des Lebens von Vergnügen und Schmerz.

Lasse nun das orangefarbene Licht wieder in den konzentrierten orangefarbenen Punkt zurückfließen. Indem du deine ganze Aufmerksamkeit diesem Chakra widmest, gelangst du jetzt ganz natürlich und mühelos zum nächsten Chakra auf der Chakra-Leiter. Spüre für einen kurzen Moment die Vorfreude auf die morgige Frequenz: den Tag der Kraft, den Tag des Nabelchakras.

3
Mittwoch:
Das Nabelchakra am Tag der Kraft aktivieren

Das Manipura-Chakra befindet sich zwischen Nabel und Solarplexus, es ist allgemein als »Nabelchakra« bekannt. Manipura wird oft mit der gleißenden Hitze und Kraft der Sonne verglichen. In ähnlicher Weise ist dieses subtile Zentrum die Quelle des Feuers und der Hitze, die unsere Dynamik, Willenskraft und unseren Ehrgeiz antreiben. Wenn es daran mangelt, haben wir kaum Motivation, bringen wenig Einsatz und schrecken vor Herausforderungen zurück, die uns aus unserer Komfortzone schubsen. Der Mittwoch ist deine Gelegenheit, diesen verborgenen Quell anzuzapfen, der dich befähigt, dein Leben selbst in die Hand zu nehmen.

Spüre den Tag der Macht

Guten Morgen! Du bist soeben zu dem Tag aufgewacht, an dem der Held in dir die Führung übernehmen wird. Während du den süßen Geschmack des Dienstags noch im Mund hast, spürst du das Ansteigen der heißen Energie wie einen laufenden Motor in deiner Bauchgrube. Natürlich soll das Leben in seiner Schönheit und Kreativität gefeiert werden, aber was ist mit den Höhen, die du erreichen kannst, wenn du deine Kräfte bündeltest und es wagtest, mehr zu wollen?

Es ist an der Zeit, den Kopf zu heben und die eigenen Berggipfel zu finden und anzusteuern. Dein Nabelchakra sagt dir, dass es nicht ausreicht, das Leben auf dem Boden der Tatsachen zu verbringen und jeden Tag den gleichen Aufgaben und Pflichten nachzugehen. Das Leben ist eine Leiter des Wachstums und des Erfolgs; mit jeder Sprosse überwindest du Grenzen und erweiterst dein Wesen. Was würdest du heute als eine Errungenschaft betrachten? Was ist die nächste Sprosse auf der Leiter?

Deine Vorstellung von Erfolg muss nicht unbedingt auf Karriere ausgerichtet sein. Es gibt viele Wege der Selbstverwirklichung, und nur du kannst entscheiden, was deine Erfolgsgeschichte sein soll. An diesem Tag geht es darum, deine Willenskraft zu klären und zu sammeln, damit du deine Ziele nicht aufgibst, auch wenn du dafür mit deinen inneren Feinden oder scheinbar unüberwindlichen äußeren Hindernissen kämpfen musst. Was wirklich zählt, ist die Mühe, die du auf dich nimmst, um deine inneren Kräfte aufzubauen, und die Art und Weise, wie du dein Wesen zügelst und nutzbar machst, bis es sich in einen zielgerichteten Pfeil verwandelt. Ein Held zu werden bedeutet vor allem, zu lernen, die inneren Kräfte zu beherrschen und die Elemente zu überwinden, die dich herunterziehen, etwa Faulheit, Angst und Schwäche.

Es ist nicht immer einfach zu wissen, was man will. Vielleicht erkennst du, dass deine wahren Wünsche unter einer dicken Schicht von Zurückhaltung, Selbstverleugnung und Angst begraben sind. Der Mittwoch ermutigt dich, deinen Traum zu wagen: Was willst du? Welches sind die ersten erforderlichen Schritte auf dem Weg zur Verwirklichung? Mache dir deine Wünsche klar und bleibe ihnen treu, auch wenn der Weg voller Fallstricke ist und von der Furcht vor dem Scheitern überschattet wird. Die Fallstricke sind da, um deinen Willen weiter zu klären; am Ende wirst du gegen Widerstände immun sein.

Es ist dieses Gefühl des unzerstörbaren Selbst, das der Tag der Kraft in dir begründen will: eine innere Festigkeit, die selbst angesichts der größten Herausforderungen unerschütterlich bleibt. Stelle dir das als ein energetisches Immunsystem vor, als die wachsende Fähigkeit, die Belastungen des Lebens zu bewältigen und dich als größer zu erleben als diese Beschwernisse. Um dieses höchste aller Ziele zu erreichen, bist du aufgerufen, deine Individualität und Präsenz zu stärken. Ausgestattet mit wahrer innerer Kraft, kannst du endlich ein unerschütterliches und authentisches Selbstvertrauen gewinnen.

Erkenne die Segnungen

Wenn du deinen Tag beginnst, öffne dich, um seine strahlende Weisheit, seine Geschenke und seine Kräfte zu empfangen. Dieser Tag bringt dich aus einem Zustand zerstreuter Energie und mangelnder geistiger Konzentration in einen, in dem du ganz eins mit dir bist. Menschen sind oft hin- und hergerissen zwischen verschiedenen oder gar gegensätzlichen Antrieben und Stimmen, die jeweils in eine andere Richtung ziehen. Wenn du weißt, was du vor allem willst, wirst du zu einer geeinten, zielgerichteten und magnetischen Präsenz in der Welt.

Eine weitere wichtige Lehre des Mittwochs ist die Aufforderung, von einer passiven und unterwürfigen Haltung zum Mitschöpfer zu werden, der aktiv an der Gestaltung der Wirklichkeit mitwirkt. Im Spiel des Lebens geht es nicht nur darum, auf das zu reagieren, was auf uns zukommt; ohne deine proaktiven Schritte ist der Tanz nicht vollständig. Wenn bestimmte Erfahrungen in der Vergangenheit dazu geführt haben, dass du dich zu klein fühlst, um den Strom des Lebens willentlich zu beeinflussen, dann hast du heute die Gelegenheit, diesen Geistern zu trotzen, die dir einreden, was du kannst und was nicht. Denke daran, dass das Gefühl der Hilflosigkeit und Wertlosigkeit nur ein weiteres Element ist, das du auf deinem Weg zu wahrer innerer Kraft überwinden musst.

Nutze diesen Tag, um mit den Tiefen deines Potentials in Kontakt zu kommen. Entfessele den »Macher« in dir, und du wirst schnell erkennen, dass du die Grenzen deines Potentials umso weiter verschiebst, je höher du strebst und je mutiger du wirst. Fähigkeiten und Fertigkeiten, von denen du bisher nichts wusstest, werden dir zur Verfügung stehen. Achte darauf, dass die Ziele, die du dir setzt, nicht durch versteckte Annahmen eingeschränkt werden, etwa, dass du scheitern oder zu weit gehen könntest.

Ein weiteres Geschenk des Mittwochs ist Selbstdisziplin. Diese Eigenschaft hat nichts mit gesellschaftlichem Druck und Erwartungen zu tun. Sie ist Anerkennung der eigenen Würde und des eigenen Adels, die tief aus dem Inneren kommt. Wenn du wirklich erfolgreich sein willst, kannst du es dir nicht leisten, dich vor Anstrengung und engagiertem Handeln zu drücken. Wenn du diesen siebentägigen Weg gehen willst, solltest du dem inspirierenden inneren Ruf, der deine Entschlossenheit entfacht hat, treu bleiben. Jetzt liegt es an dir, dieser neuen positiven Gewohnheit Schwung zu verleihen. Selbstdisziplin ist der treue Diener eines starken Willens; sie ist jene konzentrierte Energie, die erforderlich ist, um über deine gewohnten, trägen Muster hinauszuwachsen.

Lasse dich vom Segen des heutigen Tages leiten und erkenne das Unzerstörbare im Kern deines Wesens – das Nabelchakra. In diesem Zentrum schlummert die Fähigkeit, wie eine fortwährend strahlende Sonne zu wirken, die selbst im Angesicht von Krisen und Misserfolgen nicht schwächer wird. Wenn du es weise nutzt, tragen die gefürchteten Momente der Schwächung nur dazu bei, seine makellose Präsenz zu stärken.

Verbinde dich mit dem Glück des Tages

Das einzigartige Glück des dritten Chakras besteht in erster Linie darin, den Willen aus seinen Fesseln zu befreien. Obwohl jeder Mensch Wünsche hat, gilt es als etwas unmoralisch, sie alle zuzugeben, auch sich selbst gegenüber. »Gut« zu sein heißt dann, weniger zu wollen. Willenskraft ist jedoch kein egoistischer Teil von dir, für den du dich schämen sollst. Die Unterdrückung dieser gesunden Kraft zehrt an deiner natürlichen Vitalität. Wenn überhaupt, dann liegt das Problem nicht darin, dass du zu viel willst, sondern dass du es nicht stark und entschieden genug willst. Sobald du deinem Willen Raum gibst, wirst du mit dem Puls des Kosmos synchronisiert; es ist, als ob du deinen Solarplexus an seine unendliche Energiequelle anschließen würdest.

Das Glück des Mittwochs ist auch eng mit dem Gefühl verbunden, eine Zukunft zu haben und dass es etwas Erstrebenswertes gibt. Während es am Montag um die Zufriedenheit geht, in sich ein solides und starkes Fundament zu haben, und der Dienstag das Glück im Hier und Jetzt offenbart, ist es am Mittwoch an der Zeit, die andere Hälfte des Bildes zu erkennen: das Hochgefühl, das dich erfüllt, wenn du dich mit deinem ganzen Wesen auf einen ersehnten Berggipfel zubewegst. Sogar die Festlegung von Zielen kann erhebend sein, auch von Zielen, die du nicht sicher erreichen kannst, oder von Zielen, die später vielleicht durch realistischere ersetzt werden.

Die Erfahrung, etwas zu erreichen, beinhaltet zwei Arten von Erfüllung: den Weg zu deinem heiligen Gral und den Moment, in dem du ihn endlich in den Händen hältst. Viele erfolgreiche Menschen haben erkannt, dass ihre größte Befriedigung in der unerschütterlichen Entschlossenheit liegt, mit der sie alle Hindernisse aus dem Weg räumen. Ein Gutteil des Triumphgefühls stellt sich bereits dann ein, wenn noch unklar ist, ob das Ziel erreichbar ist oder nicht.

Beginne noch heute damit, Ziele festzulegen und zu visualisieren, die du in deinem Leben erreichen möchtest – seien es dein geistiger Fortschritt, deine persönlichen Beziehungen, deine Gesundheit oder deine schöpferische Kraft – und schau, wie sich dein Puls beschleunigt und dein Energieniveau steigt. Spüre außerdem die Freude, die dich erfüllt, wenn du Ängste und äußere oder innere schwächende Stimmen überwindest. In jedem von uns gibt es einen Krieger, der Sieger sein will – der Krieger, dessen schlummernde Erinnerung geweckt wird, wenn wir heroische Legenden und Mythen sehen oder lesen.

Der tiefste Aspekt dieses Kämpfergeistes ist seine Unbesiegbarkeit. Paradoxerweise ist sie jedoch nicht das Ergebnis eines harten Kampfes, sondern die Folge einer stillen Präsenz, die unter allen Umständen unberührt bleibt. Jeder Tag bringt ermutigende und schwächende Ereignisse; selbst unsere schwankenden Gedanken und Gefühle erzeugen in uns wechselnde Eindrücke von Bedrängnis und Optimismus.

Wenn du in dir ein Gleichgewicht entwickelst, das weder durch positive noch durch negative Ereignisse erschüttert wird, schmiedest du schließlich dein eigenes Glück.

Wiederhole diese Affirmationen

»Heute…

… nehme ich alle Kräfte zusammen, um zu tun, was ich will.«

… offenbare und erkläre ich rückhaltlos, was ich will.«

… tue ich einen weiteren Schritt in Richtung meiner höchsten Ziele.«

… finde ich die Kraft in mir, jedes Hindernis zu überwinden.«

… habe ich meine inneren Widersacher überwunden.«

… verbinde ich mich mit meiner inneren Kraft, unabhängig von den Höhen und Tiefen des Lebens.«

… habe ich die Kraft, den Druck des Lebens zu widerstehen und seine Anforderungen zu bewältigen.«

… bin ich der Held meines Lebens.«

… lerne ich, nein zu sagen, wenn es nötig ist.«

… verbinde ich mich mit meinem Selbstwertgefühl.«

Aktiviere dein Nabelchakra

Setze dich und bestimme deine Ziele. Beginne mit einer Liste mit zehn Zielen für die nächsten fünf Jahre, für dieses Jahr oder einfach für diesen Monat. Beschränke dich nicht auf Themen wie Karriere und Finanzen, sondern denke darüber nach, wie du mit jedem Aspekt deines Lebens vorankommst. (Achte darauf, abstrakte, nicht greifbare Ziele wie: »Ich möchte glücklich sein« zu vermeiden.) Überlege dann, welches Ziel dir am wichtigsten ist, und erkläre dir warum. Lege die Schritte eindeutig fest, die du sofort vornehmen kannst, um deinen zehn Zielen näherzukommen. Denke daran, dass du in dieser Woche zumindest ein paar Maßnahmen ergreifen solltest; lasse keine Woche verstreichen, ohne einen wirklichen Durchbruch erzielt zu haben.

Fordere dich. Der Tag der Kraft ermutigt dich, deine Fähigkeiten auszureizen und über deine Grenzen hinauszugehen. Da unser Gehirn automatisch nach Wohlgefühl strebt und Schmerz vermeiden will, wird es dir signalisieren: »Das ist zu viel!« wenn du deine Grenzen überschreitest.[33] Während es am Dienstag um Leichtigkeit und das Feiern des Lebens ging, halte dich heute dazu an, anstelle der sofortigen Befriedigung einer Lust Selbstüberwindung zu üben. Wähle einen Berg, den du erklimmen willst – das kann ein echter Berg sein, wenn einer in der Nähe ist, anstrengende körperliche Tätigkeit, etwa Dauerlaufen, das Erlernen von etwas Neuem, zum Beispiel einer neuen Sprache, das frühere Aufstehen als sonst oder der Einstieg in eine intensivere spirituelle Praxis. Sei geduldig: Früher oder später wirst du deinen zweiten Wind bekommen!

Gib eine schlechte Angewohnheit auf. Wenn du eine negative oder sogar selbstzerstörerische Angewohnheit (zum Beispiel die übermäßige Nutzung deines Smartphones oder übermäßiges Essen) nur deshalb angenommen hast, weil du dich zu schwach fühlst, um ihr zu widerstehen, ist es jetzt an der Zeit, als Sieger aus dem Kampf hervorzugehen. Du wirst die Gewohnheit vielleicht nicht endgültig überwinden, aber du kannst dich zumindest von ihr distanzieren. Selbst der Verzicht auf diese Gewohnheit für einen Tag ist ein kleiner Sieg, der in deinem Bewusstsein als neue Möglichkeit registriert wird. Suche nach guten Ratschlägen in Büchern oder Videos, wenn du das Gefühl hast, dass du die Kraft brauchst, um mit deiner Angewohnheit zu brechen.

Bringe Aufgaben zu Ende. Oft fangen wir etwas an, versagen und lassen ein paar lose Enden für den nächsten Tag liegen (die wir vielleicht nie wieder aufnehmen). Bleibe heute bei anstrengenden Aufgaben dran und gib nicht auf, bis sie erfolgreich abgeschlossen sind.

Leiste mehr als sonst. Wenn du zuweilen denkst: »Das war's – das ist meine maximale Leistung; wenn ich mehr tue, werde ich ausbrennen«, dann überwinde heute die Müdigkeit und packe deinen vollen Tag noch voller. Du brauchst dir keine Sorgen machen, dass deine Energiereserven erschöpft sind, denn es ist nur ein Tag in der Woche, ein Tag, dem zwei weitaus ruhigere Tage vorangehen und folgen.

Strebe nach Spitzenleistungen. Versuche, am Mittwoch *wirklich* dein Bestes zu geben. Hervorragende Leistungen sind eine edle Eigenschaft des Nabelchakras, und sie sind eine Form der Vollendung. Gib dich nicht mit weniger zufrieden als mit dem ultimativen Ausleben deiner Fähigkeiten und Talente. Nimm all deine Energie, dein Herz und deinen Verstand, um auch kleinsten Dingen deine volle Aufmerksamkeit zu widmen, die deine Arbeit zu einem Meisterwerk machen.

Stelle dich den Momenten der Schwäche und halte sie aus. Jeden Tag kommt es zu kleinen Niederlagen, Verletzungen und Frustrationen. Unser Gehirn versucht, den damit verbundenen Schmerz so weit wie möglich zu vermeiden. Heiße diese Momente heute willkommen, denn du weißt, dass sie dir helfen, deine authentische Präsenz in der Welt zu festigen und herauszukristallisieren, indem sie deinen Mut und deine Entschlossenheit auf die Probe stellen.

Praktiken für einen kraftvollen Tag

Aktivierung. Lächle in dein Nabelchakra hinein oder nimm die Chakra-Blüten-Meditation aus Kapitel III, um es wie eine Blume der Welt gegenüber weit zu öffnen. (Ich empfehle, das Nabelchakra als Sonnenblume zu visualisieren.) Setze die Aktivierung fort, indem du dir vorstellst, dass in deinem Solarplexus eine gelbe Sonne mit dem Feuer des Lebens brennt. Spüre, wie deine gesamte Präsenz aus der Hitze dieser Sonne hervorgeht. Wenn du einen aktiveren Start in den Tag magst, singe das Solarplexus-Mantra *Ram* mit deiner Aufmerksamkeit im Oberbauch oder versuche es mit Tanzen.

Inspiration. Schaue dir Materialien an, in denen es um innere Kraft geht, um Ehrgeiz, Willenskraft und Zielsetzung; darum, zu wissen, was man will, um Coaching, Fokus und Konzentration, Mut und Selbstvertrauen; darum, wie man innere Energien und Kräfte diszipliniert, Faulheit überwindet; in denen es um die Qualität von Exzellenz geht, um den inneren Krieger, Entscheidungsfindung, Selbstbeherrschung und wie man wie man schlechte Gewohnheiten loswird. Lies Erfolgsgeschichten über große Helden der Vergangenheit und Gegenwart, über Traditionen edler Krieger (wie die Samurai oder die Shaolin-Mönche), Motivationsredner und so weiter.

Vision. Verbinde dich mit deiner Willenskraft und mit all dem, was du zu erreichen hoffst. Stelle dir vor, wie du heute mit einer voll integrierten Präsenz und einer strahlenden inneren Kraft daherkommst und handelst. Wie fühlt es sich an? Denke an Ängste und Unsicherheiten, die deine Willenskraft lähmen und dich davon abhalten, deine Ziele zu erreichen. Was sind deine inneren Widersacher? Welche Begrenzungen möchtest du heute überwinden? Entscheide dich für Tätigkeiten und Übungen, die dein Gefühl von persönlicher Macht und Tatkraft stärken.

Empfohlene Meditationsübung

In dieser Adaption der Bergmeditation von Jon Kabat-Zinn meditiere über das Bild eines Berges und identifiziere dich mit ihm, bis du eins mit ihm wirst. Die Natur eines Berges ist elementar – steinhart – und so repräsentiert er Unbeweglichkeit und eine Erweiterung unseres Wesenskerns. Berge spiegeln uns, was es wirklich bedeutet, wenn wir uns zur Meditation niederlassen. Wähle einen Berg, dessen Form dich anspricht, und nimm durch ihn Kontakt mit der universellen Qualität des Gebirges auf, jenseits einer bestimmten Form oder Gestalt. Während dieser Meditation ist es empfehlenswert, in einer unbeweglichen, aber nicht zu starren Position zu sitzen. Indem du ganz still sitzt, erinnert sich dein Körper an den unveränderlichen Teil in dir, an deine Mitte, die stabil und unbeweglich ist. Mache dir bewusst, dass der Körper stundenlang so sitzen kann; was sich bewegen »muss«, sind deine Gedanken, nicht dein Körper.

Schließe die Augen und sitze mit geradem Rücken. Lasse deinen Kopf sanft auf den Schultern ruhen, halte die Schultern entspannt und lege die Hände auf die Knie. Achte darauf, dass du in einer bequemen Haltung sitzt – in einer Position, die du eine ganze Weile halten kannst. Die einzige Bewegung, die du zulassen solltest, ist das Atmen und Schlucken, aber auch das kann sanft und bewusst erfolgen.

Spüre den Gegensatz zwischen deinen fliehenden Gedanken und deiner Entscheidung für eine unbewegliche Position. Lasse diese körperliche Stille in geistige Stille überfließen. Wenn dein Körper ganz still ist, spüre das Gefühl von Würde, Entschlossenheit und Vollständigkeit, ganz in diesem Moment.

Stelle dir nun den schönsten Berg vor, den du je gesehen hast oder dir vorstellen kannst. Halte das Bild fest. Lasse ihn besser in den Fokus rücken. Betrachte seine Form und seine Berührungspunkte mit der Erde und dem Himmel. Schau, wie massiv er ist, wie fest, wie unbeweglich. Nimm wahr, wie seine Basis in der Erdkruste verwurzelt ist. Bleibe einfach sitzen und atme mit dem Bild des Berges, nimm seine Qualitäten wahr.

Bringe den Berg in deinen Körper, so dass das Bild und dein Körper eins werden. Du hast Teil an der Massigkeit und Stille des Berges. Du wirst zum Berg, verwurzelt in dieser Sitzhaltung, dein Kopf ein hoher Gipfel, deine Schultern und Arme die Flanken des Berges, deine Beine die solide Basis, verwurzelt über den Stuhl. Mit jedem Atemzug wirst du mehr zu einem atmenden Berg, unerschütterlich in deiner Stille – eine zentrierte, verwurzelte, unbewegliche Präsenz.

Verkörpere dich als Berg, als diese unerschütterliche Stille, wenn du mit Veränderungen konfrontiert wirst. Erkenne, dass du als Berg eine Art inneres wissendes Lächeln beizutragen hast, wie ein sanftes Buddha-Lächeln: das Lächeln des Wissens, dass es, was auch immer geschieht, diese unveränderliche, unberührte Mitte in dir gibt. Nimm wahr, wie sich jetzt, als Berg, deine Gedanken anfühlen: mehr wie Vögel, die um deine Berggestalt herumfliegen.

Nach mindestens fünfzehn Minuten atme die Gegenwart des Berges in den Körper und den Geist und komme sanft aus der Meditation zurück. Halte das Bild und das Gefühl des Berges, wann immer du kannst. Bringe ihn vor dein geistiges Auge und spüre, wie sich diese Präsenz auf deine Gegenwart auswirkt. Denke daran, dies in Zeiten emotionaler Bedrängnis, Anspannung oder Herausforderung zu tun. Wie würdest du aus diesem bergartigen Zustand heraus auf eine schwierige Situation reagieren?

Weitere Praktiken

- Kleide dich in sonniges Gelb – die Farbe des Sonnengeflechts, die für Intensität und lebensfördernde Energie steht – und hole es dir an deinen Arbeitsplatz oder in dein Zuhause.
- Lasse dich von würzigen Speisen anregen, die dein Feuerelement stärken.
- Tanze zu den Klängen von Stammesmusik oder Stammestrommeln. Ein afrikanisch inspirierter Powertanz kann den Krieger in dir wecken und deinen Körper mit der Energie füllen, die du brauchst, um die Herausforderungen des Lebens zu meistern.
- Wenn du Yoga praktizierst, wähle intensive und körperlich anstrengende Asanas oder anspruchsvollere Stile wie Ashtanga Yoga. Nimm den Hitze aufbauenden Pranayama-Feueratem hinzu.
- Lerne die Übungen des niederländischen Extremsportlers Wim Hof kennen. Der »Iceman« ist bekannt für seine Fähigkeit, eisige Temperaturen zu ertragen. Die von ihm entwickelte Methode hilft den Menschen, die Resilienz des Nabelchakras auf verschiedene Weise zu stärken, von Atemübungen bis hin zu eiskalten Duschen.[34]
- Betreibe eine Art Kampfsport. Solche Praktiken richten sich auf die Entwicklung des *Hara* – des Bereichs hinter dem Nabel, von dem man sagt, dass dort das »Meer des Qi« (der Lebenskraft) entspringt.
- Versuche es mit Konzentrationstechniken. Durch die Stärkung deiner Aufmerksamkeit kannst du deinen Geist darauf trainieren, deine Willenskraft auf eine Sache auszurichten.
- Wähle Meditationspraktiken, die ein Gefühl des Selbstgewahrseins stärken. Im Grunde genommen helfen alle Meditationen, in dir ein unverrückbares Zentrum zu finden, so dass du deine gewohnte Praxis im heutigen Kontext und mit der heutigen Absicht betrachten kannst. Du kannst Gurdjieffs Technik der Selbstreflexion anwenden oder einfach deine Aufmerksamkeit auf das Grundgefühl »Ich bin« richten, als fortlaufende Meditation, auch wenn du mit anderen Dingen beschäftigt bist. Wann immer es möglich ist, verlagere das Gefühl für dein Dasein vom Kopf, dem mentalen Zentrum, zum Solarplexus, dem Zentrum der Gegenwärtigkeit. Wenn sich dein »Ich bin« zum Solarplexus verlagert, wird es real – eine wirklich integrierte

Präsenz, die ein echtes Gefühl von Dasein und Teilhabe beinhaltet. Jedes Mal, wenn du diesen Gedanken mit einem tiefen Gefühl im Solarplexus verbindest, verstärkst und vertiefst du deinen Sinn für Gegenwärtigkeit.

- Übe die »ewige Wippe«. Dies ist eine äußerst wirksame Technik, die dir helfen kann, innere Kraft zu entwickeln: Nimm ein Notizbuch und lege zwei Spalten an. Nenne die eine »Momente der Kraft« und die andere »Momente der Schwäche«. Wann immer du im Laufe des Tages ein aufbauendes Erlebnis hast, sei es auch nur ein ermutigender Gedanke, erwähne es kurz in der Spalte »Momente der Kraft«. Tu dasselbe mit schwächenden Ereignissen und Gefühlen. Lies am Ende des Tages diese Zusammenfassungen des ständig wippenden Auf und Ab sorgfältig durch. Betrachte sie als ein ewiges Hin und Her und nicht als zwei gegensätzliche Erfahrungen. Dann schließe die Augen und frage dich: »Wer bin ich jenseits dieses Spiels?« Dort wirst du dein unzerstörbares Selbst finden.
- Aktiviere den Solarplexus, um Krankheiten vorzubeugen oder zu überwinden. Als dein energetisches Immunsystem spielt das dritte Chakra eine wichtige Rolle bei der Abwehr und Überwindung von psychosomatischen Störungen und Krankheiten.[35] Wenn du dich in einem instabilen körperlichen Zustand befindest, können selbst einfache und kurze Übungen dieses Chakra aktivieren und seine Fähigkeit wecken, Krankheiten zu besiegen. In den Nabel zu atmen, schickt zum Beispiel die Lebenskräfte von *Manipura* (Solarplexus) zum Gehirn hinauf. Wenn du in das Chakra hineinlächelst oder dir vorstellst, wie es der Welt gegenüber erblüht, tust du so ziemlich das gleiche. Eine mentale Möglichkeit, diese Wirkung zu erzielen, ist die Affirmation: »Ich bin voll und ganz in der Lage, die Herausforderung zu bewältigen«, wann immer du mit einer überwältigenden und bedrückenden Situation konfrontiert bist, die zu einer körperlichen Krankheit werden könnte.
- Heile deinen verletzten Willen. Wenn du bestimmte traumatische Erlebnisse erkennst, die deine Willenskraft geschädigt und dich zu einer Opfermentalität verleitet haben, stelle dich ihnen in einem tiefgreifenden therapeutischen Prozess. Deine Entschlossenheit, diese

Erinnerungen zu überwinden, ist bereits Ausdruck wahrer innerer Kraft.

- Traue dich, Feuerlauf zu versuchen. Diese Praxis, barfuß über ein Bett heißer Glut oder heißer Steine zu gehen, stammt aus dem alten Indien und gilt als Kraft- und Mutprobe. Natürlich sollte dies nur verantwortungsbewusst und unter Anleitung und im Rahmen eines Seminars geschehen.

Nimm die Herausforderungen an

Finde heraus, ob es an der Zeit ist, dich bestimmten Themen zu stellen, die sich aus deiner Begegnung mit dem Willenszentrum deines Wesens ergeben.

Wenn du dich hinsetzt, um eine Liste mit Zielen zu erstellen, und dir fällt nichts ein, schaue, ob du eine lähmende Angst vor dem Versagen hast, die verhindert, dass du dir deine Wünsche überhaupt eingestehst. Befasse dich mit dem Gefühl, nie der wirklich ehrgeizige Typ zu sein. Stelle fest, ob es Bequemlichkeit oder Ablenkung ist, die dich zum Aufgeben bewegt, wenn du auf ein erstes Hindernis stößt. Suche nach Themen, die mit Abhängigkeit oder Autorität zu tun haben und es dir schwer machen, dich auf deine eigene innere Kraft zu besinnen. Werde dir der starken und einflussreichen Persönlichkeiten in deiner Umgebung bewusst, deren Ziele immer wichtiger schienen als die deinen. Achte darauf, ob du dazu neigst, wütend zu werden, wenn das Leben dir nicht genau das gibt, was du willst und wann du es willst.

Du kannst dich entweder schriftlich mit diesen Herausforderungen auseinandersetzen oder nach Unterstützung suchen, die dich auf dem Weg zur Lösung dieser Probleme begleitet.

Tagebuch

Nimm ein Tagebuch oder ein Notizbuch, um deine Gedanken und Beobachtungen des Tages festzuhalten. Du kannst ganz frei schreiben, aber hier sind ein paar Fragen, über die du in Bezug auf die Arbeit mit dem Nabelchakra nachdenken kannst:

- Inwieweit erlebe ich ein Gefühl innerer Kraft, auch wenn Ereignisse eintreten, die mich schwächen?
- Erlebe ich oft Ohnmacht? Wenn ja, welche Erkenntnisse kann ich in diesen Momenten gewinnen?
- Wie gehe ich damit um, wenn ich mich gedemütigt fühle?
- Vergleiche ich mich ständig mit anderen, erfolgreicheren Menschen?
- Wie gehe ich mit meinem Ärger und dem Ärger anderer um?
- Habe ich das Gefühl, Grenzen setzen, »Nein« sagen und Druck widerstehen zu können?
- Kann ich mich fordern und meine Fähigkeiten erweitern?
- Traue ich mich, mir Ziele zu setzen und sie zielstrebig zu verfolgen?
- Weiß ich, was ich will? Habe ich es mir selbst und anderen gegenüber deutlich gemacht?

Den Tag beschließen

Dies war deine Begegnung mit der dritten Ebene deines Seins, der Ebene der Macht, die durch dein Nabelchakra repräsentiert wird.

Drücke deine Dankbarkeit für den heutigen Tag aus. Erinnere dich daran, was du im Laufe des Tages erledigt hast und was du geplant hattest. Erinnere dich an Ereignisse, die direkt oder indirekt mit den Themen des Chakras zu tun haben könnten. Versuche nicht, kritisch zu bewerten, wie viel du heute erreicht hast. Selbst kleine Schritte sind echte Schritte, die du unternommen hast, und du hast nicht nur dieses eine Chakra, sondern deine gesamte Chakra-Säule zu mehr Wachstum angeregt.

Kurz vor dem Einschlafen, bevor du ins Bett gehst oder während du schon im Bett liegst, lenke deine Aufmerksamkeit in dein Nabelchakra. Visualisiere, wie dieses Chakra dank deiner hingebungsvollen Aufmerksamkeit heute wunderbar aktiv ist, pulsiert und sich wie ein Rad um seine Achse dreht. Stelle dir vor, dass sich in der Mitte des Rades ein konzentrierter und hochpotenter Punkt befindet, der in gelbem Licht leuchtet.

Spüre, wie sich dieser konzentrierte Punkt gelben Lichts im ganzen Körper ausbreitet, die Beine bis zu den Füßen bedeckt und bis zum

Scheitel gelangt. Spüre, wie durch diese Visualisierung das Chakra sein einzigartiges Bewusstsein und seine Weisheit in Körper und Geist entlässt. Lasse die Chakra-Energie mit ihren heilenden Kräften in jeden körperlich, emotional oder mental blockierten Bereich gelangen und ihn durch ihr leuchtendes gelbes Licht entwirren und beruhigen. Jetzt strahlt dein ganzes Wesen von Kopf bis Fuß in gelbem Licht; sogar die Oberfläche deiner Haut strahlt dieses Licht aus.

Umgeben von diesem gelben Licht kannst du einen Moment lang über die größte Lektion des Nabelchakras nachdenken: Du bist in der Lage, ein Gefühl von bedingungsloser und unbändiger Kraft tief in deinem Inneren zu erfahren, selbst im ewigen Auf und Ab des Lebens.

Lasse nun das gelbe Licht sich wieder in den konzentrierten gelben Punkt auflösen. Indem du dem Chakra deine volle Aufmerksamkeit widmest, machst du jetzt ganz natürlich und mühelos einen Sprung zum nächsten Chakra auf der Chakra-Leiter. Spüre für einen kurzen Moment die Vorfreude auf die morgige Frequenz: den Tag der Liebe des Herzchakras.

4
Donnerstag:
Das Herzchakra am Tag der Liebe aktivieren

Im Kern deines Chakra-Systems, direkt an der Unterseite deines Brustbeins, wohnt *Anahata*, das Herzchakra. Es ist der Sitz deiner persönlichen Liebe und deines Gefühlslebens sowie die potentielle Quelle der unbegrenzten universellen Liebe.[36] Das Herzchakra widmet sich in hohem Maße der Heilung und Erfüllung des gesamten Spektrums deiner Beziehungen – nicht nur zu allen anderen, sondern auch zu dir selbst. Wenn seine Arbeit getan ist, fühlt es sich unzerbrechlich, ganz und frei an und kann bedingungslos geben. Der Donnerstag ist deine Gelegenheit, deine Beziehungswelt zu pflegen und zu wagen, dein Herz vollkommen zu öffnen.

Spüre den Tag der Liebe

Guten Morgen! Du bist soeben zu einem Tag aufgewacht, der ganz im Zeichen der Erweiterung deines Herzens steht. Wenn du deine Augen öffnest, spürst du, wie es in deiner Brust pocht, nicht nur das körperliche Organ, sondern auch die subtilere Ebene, in der deine tiefsten Gefühle wohnen – jener Teil, der sich öffnen kann und manchmal bricht, der lieben kann und sich manchmal zurückzieht.

Vielleicht ist es für dich ganz natürlich, mit dem Herzen verbunden zu sein und es zu weiten – in diesem Fall wird dein Tag eine mühelose Feier der eigentlichen Wünsche deines Herzens sein. Wenn du weniger auf den Rhythmus des Herzens eingestimmt bist, ist der Tag der Liebe eine wichtige Phase in deiner Woche: eine Gelegenheit, dafür zu sorgen, dass diese wertvolle Dimension des Lebens in der Hektik des Alltags nicht untergeht. In beiden Fällen wirst du vielleicht feststellen, dass das Herz schnell auf deine Aufmerksamkeit reagiert und aufgeht, denn es wartet stets geduldig und mitfühlend auf deinen Besuch.

Diese erholsame Pause in der Mitte der Woche – die die erste und zweite Wochenhälfte genau trennt – ist nach dem feurigen Mittwoch und mit dem Abschluss der irdischen materiellen Phase besonders wichtig. Auf dem soliden Boden deiner jetzt erweckten drei unteren Chakren ist es an der Zeit, einen gelösten und freundlichen Blick auf die dich umgebende Welt zu werfen – nicht mit deinen gewöhnlichen, physischen Augen, sondern mit den Augen deines Herzens. Ausgestattet mit der tiefen Sensibilität des Herzens, richte deinen Blick auf das, was dich umgibt, nimm wahr und nimm an, wer oder was – ausdrücklich oder nur geahnt – deine Fürsorge und Zuwendung benötigt. Das schließt dich selbst mit ein, dein Wesen, das sich in einer Art emotionalem Hungerzustand befinden könnte.

Heute bist du eingeladen, dir Zeit zu nehmen, dich zu kümmern: Spüre dich und andere, gehe auf ungestillte Bedürfnisse ein, heile mit deiner Liebe, umarme den Kummer und bringe sie und dich mit Worten und Gesten zum Lächeln. Nutze die Fähigkeiten des Montags, die Zeit einzuteilen, um donnerstags Zeiten für vertraute Begegnungen mit deinen Liebsten – Partnern, Kindern, Freunden – einzuplanen. Schaue ihnen in die Augen, schätze ihr Dasein, lasse deine Liebe wieder aufleben. Bist du nicht glücklich, sie um dich zu haben? Ist dir überhaupt klar, dass ihr diesen Weg gemeinsam geht?

Es ist auch eine Zeit, in der du auf zerbrochene Beziehungen eingehen kannst. Hast du zugelassen, dass eine Beziehung verkümmert oder sich ein Konflikt aufgestaut hat? Nutze den Donnerstag, um ein heilendes Licht auf vergangene Wunden und emotionale Traumata zu werfen. Reinige dein Herz von bitteren Erinnerungen und erneuere dein Vertrauen in dich, in deine Mitmenschen und in die Welt ganz allgemein.

Denke daran, dass Heilung nicht unbedingt bei deinen persönlichen Beziehungen endet. Das Herz sagt uns, dass alle Lebewesen dieser Welt in einem Netz unauflöslicher Verbundenheit existieren. So kann die heutige Praxis der liebenden Güte und des Mitgefühls auch auf leidende Menschen, Tiere und Pflanzen und auf unseren zerrütteten Planeten gerichtet sein. Öffne die Ohren deines Herzens, um den Schrei all jener zu hören, die in Not sind. Kann sich dein Herz erweitern, um sie in deinen Tag der Liebe einzuschließen?

Erkenne die Segnungen

Wenn du deinen Tag beginnst, öffne dich, um seine strahlende Weisheit, seine Geschenke und seine Kräfte zu empfangen. Seine erste Botschaft an dich ist einfach und doch eindrucksvoll: Wenn du eine ganze Woche mit leerem Herzen verbracht hast, ist nichts von dem, was du getan hast, wirklich von Belang. Oberflächlich gesehen, hast du vielleicht hervorragende Leistungen erbracht, du hast Arbeiten erledigt und Ziele erreicht, aber die akute Leere in deiner Brust könnte dich zu der Frage führen, was diese unaufhörliche Aktion eigentlich sollte.

Der Grund ist, dass das Herz am stärksten mit dem Sinn des Lebens verbunden ist. Diesen Sinn wirst du vielleicht nie erfahren, aber du kannst auf jeden Fall *spüren,* wenn er nicht gegeben ist. Denn wenn dein Leben von Liebe erfüllt ist – Liebe zu dem, was du tust, und Liebe in den Beziehungen zu deinen Mitmenschen – kommen solche Zweifel selten auf. Der Donnerstag ist die Zeit, dir bewusst zu machen, warum du tust, was du tust, und deine Woche mit dieser unwiderstehlichen Aura zu erfüllen.

Nutze diese Zeit, um die in deinem Herzchakra angesammelten Emotionen zu entwirren und die Verhärtungen, die durch die Enttäuschungen der Woche entstanden sind, aufzuweichen. Du solltest auf deinen emotionalen Zustand hören und dich aufrichtig fragen: »Wie fühle ich mich?« Was auch immer sich heute im Spiegel des Mitgefühls zeigt, durch Aufrichtigkeit kannst du es transfomieren.

Wenn deine Sensibilität für deine Lieben durch die Anforderungen des Lebens oder durch aufgestaute Bitterkeit und Wut abgenommen hat, kann dieser Tag dir bei der Wiederherstellung deiner beschädigten Beziehungen helfen. Es ist ratsam, eine Beziehung dauernd zu pflegen und sich nicht nur in Krisenzeiten um sie zu kümmern. Suche nach Möglichkeiten, belastende Gedanken und Gefühle, die deinen emotionalen Austausch beeinträchtigen, verantwortungsvoll zu beseitigen. Wenn du das vernachlässigst, könntest du am Ende vereinsamen, selbst wenn du von Familie und Freunden umgeben bist. Der Donnerstag ist dafür da, deine Beziehungen zu stärken und dich klarer Rückmeldung zu erfreuen, die deine investierte Mühe zurückspiegelt. Sobald dein Herz all jene sieht, die leiden, werden deine Empathie und dein Handeln schließlich das Gefühl beseitigen, vom Netz der Verbundenheit abgeschnitten zu sein.

Der Donnerstag erinnert dich daran, dass dein Herz größer ist, als du denkst. Es kann *heute* Liebe geben, genauso wie du bist, nicht erst, nachdem du es behandelt und ganz geheilt hast. Die größten Lehrer der Menschheit haben uns im Laufe der Geschichte immer wieder gesagt, dass man im Geben das meiste empfängt. Genau dazu lädt dein Herz dich ein, dein größter Lehrer: es heute zu versuchen.

Verbinde dich mit dem Glück des Tages

Der Tag der Liebe bietet dir die Glückseligkeit der Nähe. Wenn sich Herzen verbinden – durch eine Umarmung, einen tiefen Blick der Anerkennung, Worte der Wertschätzung oder einen offenen Austausch – dann fließen sie über und öffnen sich. Um echte Nähe zu ermöglichen, solltest du falsche Signale ignorieren, die dir weismachen, dafür hättest du keine Zeit. Das sind die Momente, von denen wir uns im Alter wünschen, wir hätten sie erlebt. Entspanne dich und atme in der Zeitlosigkeit; höre anderen zu, ohne viel Wert auf deine eigenen Urteile und Meinungen zu legen, und suche nach den Gemeinsamkeiten, die euch schon immer zueinander hingezogen haben.

Der tiefste Wunsch des Herzchakras ist es, sich vorbehaltlos zu öffnen. Wir sind jedoch darauf konditioniert zu glauben, ein verschlossenes Herz sei ein geschütztes Herz. Ironischerweise vergrößert diese Haltung nur unser Misstrauen und unsere Gereiztheit. Experimentiere heute mit dem genau entgegengesetzten Verhalten, der völligen Preisgabe der Mauer deines Herzens, und du wirst wahrscheinlich feststellen, dass du dich stärker fühlst, wenn du verzeihst und bereit bist, Schmerz zu erfahren. Jeder, der sich am Ende einer Heilungssitzung bereit erklärt hat, seine Schutzschichten abzulegen und sein Herz wieder zum Vorschein kommen zu lassen, hat die Freude des offenen Herzens gekostet. Wenn du von emotionalem Schmerz überwältigt bist, suche nach therapeutischen Methoden, um ein solches Wunder geschehen zu lassen.

Das Glück des Herzens liegt wesentlich darin, uns zu helfen, aus uns herauszukommen und zu Gebenden zu werden, auch für diejenigen, die nicht zu unserem unmittelbaren Umfeld gehören. Wir alle wissen um den Reiz, jemanden mit einem Geschenk oder einer herzerwärmenden Geste zu überraschen. Während unser konditioniertes Denken unsere Aufmerksamkeit oft auf unsere eigene Bedürftigkeit und unser Gefühl des Mangels lenkt, ist die Erfüllung der Bedürfnisse und Erwartungen anderer und das Erleben unserer Fähigkeit, das Leben anderer Menschen zu verbessern, ein Tor zu unserem Gefühl der Vollkommenheit. Der Dalai Lama hat es so ausgedrückt: »Wenn du willst, dass andere glücklich sind, dann praktiziere Mitgefühl. Wenn du selbst glücklich sein willst, praktiziere Mitgefühl.«[37]

Eine weitere Dimension des Glücks kann sich dir heute erschließen, wenn du versuchst, die Absicht und den tieferen Sinn hinter deinen Aktivitäten und Zielen zu erkennen. Dein Herz ist glücklich, wenn es die richtigen Beweggründe hat, und diese Motivation ist immer mit dem Dienst an anderen oder mit einer kreativen Leidenschaft verbunden; beides sind Formen der Liebe. Manchmal reicht es schon aus, die

Absicht: »Ich tue dies, weil ich liebe« auszusprechen, um dein Handeln mit dem wahren Grund deines Herzens in Übereinstimmung zu bringen.

Wiederhole diese Affirmationen

»Heute…
… nehme ich die Welt mit den Augen meines Herzens wahr.«
… akzeptiere ich mich und alle anderen aufgrund der Güte meines Herzens.«
… ignoriere ich die Unvollkommenheiten und sehe nur die Ganzheit.«
… möchte ich andere glücklich machen.«
… tue ich alles aus Liebe.«
… bin ich an der Reihe zu lieben.«
… öffne ich mich der universellen Liebe.«
… ruhe ich im Innersten meines Herzens.«
… erkenne ich die Macht des verletzlichen Herzens.«
… öffne ich mein Herz bedingungslos, auch wenn es wehtut.«

Aktiviere dein Herzchakra

Nimm Kontakt zu deinen Gefühlen auf. Emotionen können unbewusst unterdrückt werden, weil sie das effiziente Funktionieren im Alltag beeinträchtigen. Nutze deinen Donnerstag, um deine Gefühle zu spüren. Sei dabei so aufrichtig wie möglich. Gibt es ein Gefühl des Mangels oder eine ungestillte Sehnsucht? Wenn dieser Mangel oder diese Sehnsucht auf jemanden gerichtet ist, kann sie unerfüllbar bleiben. Suche nach Methoden, die diese Gefühle befriedigen und konstruktiv kanalisieren, etwa indem du deine Selbstakzeptanz und emotionale Unabhängigkeit stärkst.

Kümmere dich liebevoll um dich selbst. Welche Gesten der Selbstliebe kannst du heute vollführen? Vielleicht sträubst du dich dagegen, dich selbst zu umarmen, weil du glaubst, du hättest es aus irgendeinem Grund nicht verdient. Doch wenn du gut für dich sorgst, fühlst du dich vielleicht schon jetzt wohler in deinem Körper und deinem Geist. Eine

Möglichkeit, herauszufinden, was du wirklich brauchst, ist die Frage: »Was würde ich heute tun, wenn ich mich voll und ganz lieben und mir alles vergeben würde?«

Finde eine oder mehrere bestehende Beziehungen in deinem Leben, die du am Tag der Liebe verbessern könntest. Gibt es eine Beziehung, die in letzter Zeit nicht förderlich war, etwa zu deinen Eltern, deinem Partner, deinen Kindern, deinen Freunden, deinem Hund oder deiner Katze oder sogar deiner vernachlässigten Zimmerpflanze?

Nimm dir die Zeit, deine Lieben zu treffen. Achte darauf, dass diese Zeit nicht durch andere Pflichten belastet wird, und lasse dein Smartphone beiseite. Sei präsent und achtsam. Schenke mehr körperliche Wärme und sei empfindsam.

Wenn du dich einsam fühlst, ergreife die Initiative und suche nach Möglichkeiten, dich warmherzigen Kreisen und Gemeinschaften anzuschließen oder vertraute Gespräche zu führen. Nimm dir vor, neue Freunde zu finden. Und verzweifle nicht – denke daran, dass es acht Milliarden Menschen auf diesem Planeten gibt, von denen sich viele genau wie du nach engen Beziehungen sehnen.

Konzentriere dich auf das, was du für andere tun kannst. Denke an jemanden in deiner Nähe, der Hilfe brauchen könnte. Gibt es etwas, das du heute tun kannst, um jemanden zu inspirieren?

Unterstütze Aktivismus. Öffne dein Herz für globale Leiden. Auch wenn du dir des überwältigenden Ausmaßes des Leides in dieser Welt bewusst wirst, darfst du nicht zu dem Schluss kommen, dein Beitrag sei vergeblich. Es gibt Menschen, deren Berufung es ist, in verschiedenen Bereichen als Aktivisten zu dienen. Auch wenn du eine solche Berufung nicht verspürst, kannst du jene, die sie verspüren, unterstützen. Spende an Wohltätigkeitsorganisationen, unterzeichne Petitionen, sieh die kleinen Schritte, die du in deinem Leben tun kannst, um etwas zu bewirken; und sogar das Veröffentlichen von Beiträgen, die die Aufmerksamkeit der Menschen auf ein höheres Ziel lenken, ist eine gute Möglichkeit, um den Wunsch deines Herzens zu erfüllen, Leiden zu lindern.

Du kannst ehrenamtlich tätig sein. Das muss nicht die klassische Form der Freiwilligenarbeit sein; alles, was du tust, was nicht auf Gelderwerb ausgerichtet ist und dir nichts anderes als Herzenserfüllung bringt, fällt in diese Kategorie. Wenn es deine Arbeit zulässt, kannst du vielleicht donnerstags ein Zeitfenster für unbezahlte Dienste freimachen.

Praktiken für einen kraftvollen Tag

Aktivierung. Lächle in dein Herzchakra hinein oder benutze die Chakra-Blüten-Meditation in Kapitel III, um es weit zu öffnen wie eine Blume, die sich der Welt zuwendet. Nimm dir einen langen Moment Zeit, um nahe oder ferne Menschen, die du liebst, zu würdigen. Spüre, wie dein Herz mit ihnen wie mit Fäden verbunden ist, die ein Netz bilden. Visualisiere, dass dein Herz mit anderen Wesen durch dieselben Fäden verbunden ist, in immer weiteren Kreisen, bis du dich mit allem, was ist, verbunden fühlst. Alternativ kannst du die untenstehende Meditation der Kopflosigkeit ausführen oder eine der nachfolgenden Herzübungen wählen, um Mitgefühl und Fülle zu aktivieren.

Inspiration. Lies oder schaue dir Materialien über Liebe, Mitgefühl und Vergebung an, über Ausgleich und Öffnung des Herzchakras, gewaltfreie Kommunikation, die Kraft des Miteinanders, Selbstheilung, Selbstakzeptanz, Heilung zerbrochener Beziehungen, Hingabe und Aufopferung, Selbstlosigkeit, Aktivismus, Freiwilligenarbeit, Dinge, die wir für den Planeten und die Tiere tun können, inspirierende Persönlichkeiten, die die Kraft der Liebe und Aufopferung gezeigt haben, und so weiter.

Vision. Überlege, welche Möglichkeiten der Liebe sich dir heute bieten. Wie kannst du diese Stränge der Verbundenheit, Aufmerksamkeit und Fürsorge stärken? Gibt es kleine oder große Möglichkeiten, wie du deine Aktivitäten durch Liebe bereichern kannst? Stelle dir vor, wie du mit einem bedingungslos offenen Herzen durch die Welt gehst und deinen Tag mit einem tiefen emotionalen Gewahrsein erfüllst. Wie sieht das aus? Stelle fest, ob es Blockaden und Widerstände gibt, die dich daran hindern, diese Liebe auszudrücken. Entscheide dich schließlich für eine Tätigkeit und eine Übung, die die Qualitäten und Fähigkeiten deines Herzens wecken.

Empfohlene Meditationsübung

Kopflosigkeit ist ein einfacher, direkter und körperlicher Weg, um Energie vom Kopf zum Herzen zu leiten und das Herzzentrum zu wecken. Wir identifizieren das Zentrum unseres Seins fälschlicherweise mit dem Kopf, aber der Kopf ist eigentlich dazu da, dem Herzen zu dienen. Du kannst diesen Übergang körperlich vollziehen. Indem du dir vorstellst und fühlst, dass du kopflos bist, kannst du buchstäblich vom Kopf ins Herz hinabsteigen. Wenn du das tust, wird deine gesamte Wahrnehmung klar und vollständig. Am Anfang wird es nur »als ob« sein, aber langsam wirst du dich im Herzen niederlassen. Die Kopflosigkeit kann dir tatsächlich das Gefühl vermitteln, dass du dich zum ersten Mal wirklich zum Herzen bewegst und dich dort einfindest.

Sitze bequem, aber nicht gekrümmt. Weite deinen Brustkorb. Lasse deine Schultern sanft nach hinten fallen, so dass sich dein gesamter Brustbereich offen und weit anfühlt, so als würdest du ihn der Welt präsentieren. Stelle dir vor, dass du deinen Kopf verloren hast, dass anstelle deines physischen Kopfes nur noch leerer Raum ist.

Wenn du fühlst, dass du kopflos bist, fließt dein Schwerpunkt ganz natürlich zu deinem Herzen. Es ist wie ein müheloses Hinabfallen deines Zentrums. Atme sanft in den Brustbereich und spüre immer deutlicher, dass du dich dort befindest. Von hier im Brustkorb aus sind Gehirn, Augen, Ohren und Mund nur noch Werkzeuge, nicht mehr das, was du bist. Versuche, deine zentrale Sicht im Brustbereich zu spüren, wie ein Paar verborgener Augen. Durch diese Augen blicke auf die Welt in dir und außerhalb von dir. Was geschieht, wenn du von hier aus auf alles schaust? Welche Qualitäten des Sehens und Hörens gehören zu diesem Bereich? Wie unterscheiden sie sich von deinem üblichen Sehen und Hören? Entspannt diese Verlagerung auf die Brust irgendetwas? Wird dein Blick dadurch sanfter, mitfühlender oder nachsichtiger? Diese Art des Sehens wird deine gesamte Persönlichkeit und deine Verhaltensmuster verändern, denn was auch immer das Herz sieht, es betrachtet es aus dem Blickwinkel der Ganzheit, der Harmonie und des Friedens.

Versuche, eine bestimmte Herausforderung oder einen Konflikt in deinen Beziehungen mit deinem neuen »Kopf« zu betrachten. Wie siehst du das Problem jetzt aus der Perspektive deines Herzens? Wie nimmst du andere aus diesem Blickwinkel wahr? Wie siehst du das Leben im allgemeinen? Spüre mit jedem Atemzug, wie sich der Brustkorb auf Kosten des Kopfbereichs ausdehnt und noch weiter öffnet. Je weiter er sich ausdehnt, desto mehr wird der Kopfbereich von ihm verschlungen. Was weiß dein Herz als dein neuer Kopf heute? Gibt es irgendetwas – und sei es nur eine Sache –, das es zutiefst und ohne jeden Zweifel weiß? Erkläre es.

Nach mindestens fünfzehn Minuten atme noch einmal tief ein und komme langsam und allmählich aus der Meditation zurück. Wenn du deine Augen öffnest, behalte das Gefühl einer offenen Brust und eines nach außen gerichteten Flusses bei. Mache dich für einen Tag ohne Kopf bereit! Gehe so kopflos wie möglich umher. Betrachte alles aus deiner Brust heraus, und vergiss nicht, auch dich selbst mit den vergebenden Augen des Herzens zu betrachten.

Weitere Praktiken

- Kleide dich in sattes Grün – der alles nährenden Farbe des Herzchakras – und hole es dir an deinen Arbeitsplatz oder in dein Zuhause.
- Entspanne dich in einer Umarmung. Wenn du einen dazu bereiten Verwandten oder Freund hast, kann eine Umarmungsmeditation sehr wohltuend sein: Entspanne dein ganzes Wesen in den Armen des anderen und erlaube ihm, deine emotionalen Bedürfnisse zu stillen und den angesammelten Schmerz zu lindern.
- Lies Bücher oder sieh dir Filme an, die auf wahren Geschichten beruhen, die die Größe des menschlichen Herzens zeigen. Beispiele sind *Gandhi* (1982), *Schindlers Liste* (1993), *Hotel Ruanda* (2004), *Selma* (2014) und *Der wunderbare Mr. Rogers* (2019). Es ist wichtig, sich von Menschen wie du und ich inspirieren zu lassen, die eine unglaubliche Hingabe und Selbstlosigkeit an den Tag gelegt haben.
- Sende oder maile Anerkennungsschreiben. Sich die Zeit zu nehmen, die Schönheit, die Tugenden und die Talente eines Menschen zu

würdigen, ist ein Ereignis, das die Herzen beider Menschen weitet. Warum auf einen Geburtstag oder einen anderen besonderen Anlass warten? Du hast deine Donnerstage, und es gibt viele Menschen, die du mit deinen warmen Worten umarmen kannst.

- Meditiere über deine Verdienste und die positiven Eigenschaften der anderen. Erstelle eine Liste mit all deinen guten und schönen Eigenschaften. Es geht dabei nicht um eine Ego-Liste, sondern darum, die menschliche Tendenz auszugleichen, vor allem die eigenen Unzulänglichkeiten und Schwächen zu bemerken, die aus festgefahrenen Denkgewohnheiten resultieren. Du kannst dich auch mit einem Freund, einem Kind, einem Partner oder einem Kollegen zusammensetzen und eine Liste mit den Gaben, Fähigkeiten und Talenten des anderen erstellen, eine Spalte für jeden von euch. Betone die Eigenschaften, die der eine von Natur aus hat und der andere nicht. Mache dann eine dritte Spalte, in der du all diese Fähigkeiten zusammennimmst – all die guten Eigenschaften, die ihre beide zusammen verkörpert. Mache dir bewusst, dass ihr zusammen eine größere Einheit bildet, die mit vielen Qualitäten und Fähigkeiten gesegnet ist! Die Betrachtung eurer gemeinsamen Energien und Gaben kann sehr aufbauend sein.
- Übe Liebe als Motivation für alle deine Handlungen. Sage dir: »Ich tue es, weil ich liebe«, selbst bei den alltäglichsten Tätigkeiten, etwa beim Abwasch oder wenn du dein Kind zur Schule fährst. Schon wenn du es so sagst, verleiht das der Handlung eine unmittelbare Bedeutungstiefe.
- Übe dich einen Tag lang in gewaltfreiem Denken und Handeln. Verzichte an deinem Donnerstag so weit wie möglich auf Urteile, Ärger und Streit. Wenn kritische Gedanken und Emotionen auftauchen, zentriere dich im Brustbereich und betrachte den Gegenstand der Kritik mit den Augen des Herzens.
- Versuche die buddhistische Meditation der liebenden Güte (*Mettā*-Meditation), die Mitgefühlsmeditation (*Karuna*-Meditation) oder die Meditation des Gebens und Nehmens (*Tonglen*-Meditation). Diese Übungen lassen Empathie und Wertschätzung wachsen.
- Übe dich in Herzöffnung. Es gibt viele Techniken zur Öffnung des Herzchakras, einschließlich Musikmeditationen und Visualisierungen.

Beachte die relativ unbekannte tibetisch-buddhistische Meditation »Die innere Höhle«, die eine besonders kraftvolle Form der Herzchakra-Öffnung darstellt. Deine Kraft liegt in der Fähigkeit, dich zum Innersten deines Herzens zu bringen, das von allen schwierigen emotionalen Erfahrungen unberührt geblieben ist.

- Heile und lasse dich energetisch heilen. Es gibt einfache Methoden, sich gegenseitig zu heilen, indem man die Hände auf den Körper legt und Positivität und Liebe überträgt.
- Probiere die Tränenmeditation. Ähnlich wie bei der Lachmeditation am Dienstag speichert das Herz viele unvergossene Tränen; sie loszulassen kann das Herz reinigen und erleichtern. Du kannst die zweite Phase von Oshos *Mystic Rose Meditation* üben oder einfach Musik auflegen, einen Punkt ungelöster Traurigkeit in dir aufspüren oder dich an eine vergangene Verletzung erinnern und dieses Gefühl einen Reinigungsprozess durchlaufen lassen.
- Vergib jemandem. Vergebung ist einer der einfachsten Wege, das Herz zu öffnen. Sie wird möglich, wenn du dich daran erinnerst, dass Vergebung vor allem die eigene Befreiung von der Vergangenheit und ein Ausdruck von Stärke ist und nicht von Schwäche. Schreibe einen Brief der Vergebung an einen Menschen, du musst ihn nicht mal abschicken; nutze ihn einfach, um einen Prozess der Befreiung von deinen quälenden Erinnerungen anzustoßen.
- Verarbeite emotionale Schocks und vergangene Enttäuschungen. Das geht in angeleiteten Therapien oder in eigenständig durchgeführten Übungen.
- Praktiziere Andachtsübungen wie heiliges Singen oder Beten. Das Gefühl, das eigene Leben einer größeren Wirklichkeit zu widmen, öffnet einem das Herz. Du kannst auch das Herzchakra-Saat-Mantra *Yam* chanten.

Nimm die Herausforderungen an

Frage dich, ob es an der Zeit ist, dich bestimmten Themen zu stellen, die sich aus deiner Begegnung mit dem emotionalen Zentrum deines Wesens ergeben.

Achte darauf, ob du eine emotionale Abhängigkeit oder Anhaftung hast, die dich kraftlos und ängstlich macht. Frage dich, ob du dich als überemotional oder überempfindlich einschätzt. Überlege, ob es dir schwerfällt, dich so zu akzeptieren, wie du bist, und ob du glaubst, dass du dir deine Selbstliebe verdienen musst. Bist du unfähig, zu vergeben und vergangene Verletzungen hinter dir zu lassen? Hast du möglicherweise das Gefühl eines so starken Mangels, dass du nicht teilen oder geben kannst? Finde heraus, ob du dich am Tag der Liebe wie ein Fremder in einer Welt fühlst, die dir langweilig oder sogar bedrohlich vorkommt. Überlege, ob deine Urteile und Erwartungshaltung so ausgeprägt sind, dass dein Herz andere nicht akzeptieren kann.

Du kannst dich entweder schriftlich mit diesen Herausforderungen auseinandersetzen oder nach Methoden suchen, die dir auf dem Weg zur Lösung dieser Probleme helfen.

Tagebuch

Halte ein Tagebuch oder ein Notizbuch bereit, um während des Tages deine Gedanken und Beobachtungen festzuhalten. Du kannst frei drauflos schreiben, aber hier sind einige Fragen, über die du in Bezug auf die Arbeit mit dem Herzchakra nachdenken kannst:

- Inwieweit kann ich meinen Lieben Liebe entgegenbringen?
- Bin ich auch offen dafür, ihre Liebe zu empfangen?
- Weiß ich, wie ich Gelegenheiten für Nähe schaffen kann, auch inmitten eines hektischen Tages?
- Bin ich zu selbstlosem und mitfühlendem Handeln fähig?
- Was bedeutet Freundschaft für mich? Folge ich meiner eigenen Vorstellung von Freundschaft?
- Finde ich Freude daran, anderen zu dienen und ihnen zu geben, was sie brauchen oder sich wünschen?
- Habe ich genügend Selbstakzeptanz und die Fähigkeit, mich in meinem Herzen und Verstand wohlzufühlen und unvoreingenommen zu sein?
- Wie kann ich mit Verlust, Verlassenheit oder Enttäuschung umgehen? Wenn ich solche Momente als unerträglich empfinde, welche

Einsicht kann ich in diese Gefühle bringen, um mein Herz zu stärken?

- Weiß ich, wie ich destruktive von aufbauenden Emotionen unterscheiden kann? Welche Strategien habe ich, um destruktive Emotionen zu überwinden?

Den Tag beschließen

Dies war deine Begegnung mit der vierten Ebene deines Wesens, der Ebene der Liebe, die durch dein Herzchakra repräsentiert wird.

Drücke deine Dankbarkeit für den heutigen Tag aus. Erinnere dich daran, was du im Laufe des Tages erledigt hast und was du geplant hattest. Erinnere dich an Ereignisse, die direkt oder indirekt mit den Themen des Chakras zu tun haben könnten. Versuche, nicht kritisch zu bewerten, wie viel du heute erreicht hast. Selbst kleine Schritte sind echte Schritte, die du unternommen hast, und du hast nicht nur dieses eine Chakra, sondern deine gesamte Chakra-Säule zu mehr Wachstum angeregt.

Kurz vor dem Einschlafen, bevor du ins Bett gehst oder während du schon im Bett liegst, lenke deine Aufmerksamkeit in dein Herzchakra hinter der Unterseite deines Brustbeins. Visualisiere, wie dieses Chakra dank deiner hingebungsvollen Aufmerksamkeit heute wunderbar aktiv ist, pulsiert und sich wie ein Rad um seine Achse dreht. Stelle dir vor, dass sich in der Mitte des Rades ein konzentrierter und hochpotenter Punkt befindet, der in grünem Licht leuchtet.

Spüre, wie sich dieser konzentrierte Punkt grünen Lichts im ganzen Körper ausbreitet, die Beine bis zu den Füßen bedeckt und bis zum Scheitel gelangt. Spüre, wie durch diese Visualisierung das Chakra sein einzigartiges Bewusstsein und seine Weisheit in Körper und Geist entlässt. Lasse die Chakra-Energie mit ihren heilenden Kräften in jeden körperlich, emotional oder mental blockierten Bereich gelangen und ihn durch ihr leuchtend grünes Licht entwirren und beruhigen. Jetzt strahlt dein ganzes Wesen von Kopf bis Fuß in grünem Licht; sogar die Oberfläche deiner Haut strahlt dieses Licht aus.

Umgeben von diesem grünen Licht denke einen Augenblick über die größte Lehre des Herzchakras nach: Du bist in der Lage, ein bedingungsloses und unabhängiges Gefühl von Liebe und Offenheit tief in dir zu erfahren, selbst mitten in emotionalen Enttäuschungen.

Lasse nun das grüne Licht sich wieder in den konzentrierten grünen Punkt auflösen. Indem du deine volle Aufmerksamkeit einem Chakra widmest, machst du jetzt ganz natürlich und mühelos einen Sprung zum nächsten Chakra auf der Chakra-Leiter. Spüre für einen kurzen Moment die Vorfreude auf die morgige Frequenz: den Tag des Ausdrucks des Halschakras.

5
Freitag:
Das Halschakra am Tag des Ausdrucks aktivieren

An der Basis deines Halses, direkt hinter der Schilddrüse, befindet sich das Halschakra (Vishuddhi). Stelle dir dieses Chakra als eine Tür zwischen deiner inneren Welt und der äußeren Welt vor. Die Tür kann weit geöffnet sein, so dass Gedanken und Mitteilungen anderer aus der äußeren Welt empfangen und deine innersten Wahrheiten und Gefühle ausgedrückt werden können, oder die Tür kann verschlossen sein, so dass deine wahre Stimme in der Kehle stecken bleibt und dein Wesen unerkannt und unsichtbar bleibt. Der Freitag ist deine Gelegenheit, das Chakra des Urklangs zu aktivieren und dich wahrhaftig und überzeugend auszudrücken.

Spüre den Tag des Ausdrucks

Guten Morgen! Du bist soeben zu einem Tag erwacht, an dem du dich der Welt zeigen wirst. Der gestrige Tag war ganz der Verbindung mit deinem Herzen gewidmet; jetzt ist es an der Zeit, seine Schönheit und Weisheit der Welt darzubringen. Tief in deinem Inneren weißt du, dass du mehr als genug erfahren, gelernt und erkannt hast, um es mit anderen zu teilen. Es für dich zu behalten, ist, als würde man den Vogel deiner Seele in einen Käfig sperren, dabei ist alles, was er wirklich will, für alle sein Lied zu singen.

Spüre das Prickeln der Erregung in deiner Kehle. Solange du dich hinter der Tür des Halses versteckst, bleiben all deine wahren Gefühle, wertvollen Einsichten und Gaben unerkannt. Lasse dein Halschakra nicht daran ersticken. Beende seine Stockung, indem du die Kluft zwischen dem Erleben deines Inneren, und dem, was tatsächlich aus deinem Mund kommt, schließt. Mache dir folgende Halschakra-Weisheit bewusst: Was nicht zur greifbaren menschlichen Wirklichkeit geworden ist, existiert nicht wirklich.

Der Tag des Ausdrucks ist eine Gelegenheit, die wahrsten Gefühle und die intimsten Wahrheiten und Ideale zu erkennen, die aus deinem Inneren an die Oberfläche kommen wollen. Die Form, die sie schließlich annehmen werden, ist nicht auf verbale Kommunikation beschränkt. Das Halschakra kann dein wahres Wesen auf vielfältige Weise zum Ausdruck bringen, etwa durch Musik, Malen, Tanzen und sogar durch die Art, wie du aussiehst und dich darstellst. Letzteres ist von großer Bedeutung, denn mit deinem Auftreten beginnt der Vorgang der Manifestation. Mache dir bewusst, wie du im allgemeinen auftrittst und dich ausdrückst. Nimmst du dir genügend Freiraum, um dich ganz zu zeigen? Welche Erfahrungen machen andere, wenn sie dir begegnen? Bist du präsent genug, um bei ihnen einen tiefen Eindruck zu hinterlassen? Mit der Kraft deines Halschakras, das heute aktiv ist, kannst du eine strahlende Präsenz in der Welt frei zum Ausdruck bringen.

Da dies ein Tag ist, der deine Manifestationskräfte fördert, frage dich, ob es etwas gibt, an das du glaubst und das dir so wichtig ist, dass du es verbreiten möchtest. Gibt es etwas, das du aus deinen Erfahrungen gelernt hast, das anderen helfen und sie inspirieren kann? Heute ist der ideale Zeitpunkt, um deine Ohren und Lippen für deine Botschaft zu öffnen. Sobald du diese Botschaft verinnerlicht hast, wird sie zu deiner Berufung; du bist dazu berufen, ihr eine Stimme zu geben und dafür zu sorgen, dass sie in der Welt ihre Spuren hinterlässt.

Und es gibt noch mehr: Der Freitag ist eine Einladung, einen lang verschütteten Traum oder eine unterdrückte große Vision ehrlich zu betrachten. Traust du dich, noch einmal dieser Visionär zu sein? In der Welt gibt es viele Träumer, die entweder ihre Vision mit aller Konsequenz verfolgt haben oder ihre Ängste und Vorbehalte überwinden mussten, um erfolgreich zu sein. Sorge dafür, dass du dich mit Persönlichkeiten umgibst, die dich inspirieren, einen ersten oder nächsten Schritt auf dem Weg zur Verwirklichung dieses schlummernden Potentials zu tun.

Ein Schlüssel zur Erfüllung des Freitags liegt darin, deine Ausdrucksfähigkeit in den Dienst anderer zu stellen. Konzentriere dich nicht auf dich selbst als Quelle des Ausdrucks und der Inspiration, sondern überlege, wie deine Fähigkeiten und Fertigkeiten den dich umgebenden Menschen von Nutzen sein können. Ob du nun Künstler, Erzieher, Redner oder Familienmitglied bist, sieh dich als jemanden, der anderen ein Vorbild sein will.

Erkenne die Segnungen

Öffne dich zu Beginn des Tages, um seine strahlende Weisheit, seine Geschenke und seine Kräfte zu empfangen. Der erste Segen des Freitags ist seine Fähigkeit, dich mit wichtigen Gefühlen und Gedanken in Kontakt zu bringen, die du in die Welt bringen solltest. Natürlich soll niemand alles, was in ihm steckt, laut aussprechen; manche Worte und Gesten sollten unausgesprochen bleiben, um uns oder andere nicht zu verletzen. Es gibt jedoch auch Unterdrücktes, das dein Halschakra erstickt. Lasse die Weisheit dieses Chakras das Unnötige herausfiltern, so dass nur das Wesentliche übrigbleibt, das dir hilft, in deine Wahrhaftigkeit zu finden.

Wenn du jemals die Frustration gespürt hast, deine Worte nicht so klar aussprechen zu können, wie deine Gedanken waren, wirst du heute ermutigt, an der Klärung deines Ausdrucks zu arbeiten. Wenn andere dir ständig die Rückmeldung geben, sie seien sich nicht sicher, was du meinst, oder wenn du das Gefühl hast, dass deine Einlassungen das Gegenteil von dem erreichen, was du möchtest, lasse dich vom Halschakra leiten, um neue Kommunikationsfähigkeiten zu entwickeln. Vielleicht werden bestimmte emotionale Hindernisse wie die Angst vor Ablehnung oder das Gefühl der Minderwertigkeit auf diese Weise ans Licht kommen, damit sie erkannt und geheilt werden können.

Genau diese Minderwertigkeit wird durch den Freitag stärker herausgefordert, denn er kann deinen inneren Träumer befreien. Heute ist nicht der Tag, an dem du dich kleinmachen und deine Visionen aufschieben solltest. Kompromisse kannst du später eingehen, wenn die unvermeidliche Begegnung mit den realen Grenzen deinen Enthusiasmus auf die Probe stellt. Aber träume erst einmal: Jetzt ist der richtige Moment, die Augen zu schließen und aus dem Feld der unendlichen Möglichkeiten das Künftige auftauchen zu lassen. Jede sinnvolle Manifestation beginnt mit der Saat der Zukunft, die zunächst aussichtslos und unerreichbar erscheinen mag. Doch der Freitag ist praktisch veranlagt und verlangt von dir, einen realistischen Schritt in die richtige Richtung zu machen.

Der Tag des Ausdrucks ermöglicht es dir, Idealist zu sein und von großen Dingen zu träumen. Wir alle haben eine Ahnung von möglichen Wegen, unsere Gemeinschaft und Gesellschaft in eine bessere Zukunft zu führen; wir vernehmen in uns angesichts von Ungerechtigkeiten einen Ruf. Unser Halschakra findet Erfüllung, wenn es protestiert und an der Verbesserung der Welt mitwirkt. Gestärkt durch die gestrige Erweckung des Herzens, versuche, eine führende Stimme zu werden und nicht bloß stiller Beobachter.

Verbinde dich mit dem Glück des Tages

Es liegt große Freude in der Manifestation. Denke an ein Kind, das ein paar Samen in die Erde sät und nach einiger Zeit feststellt, dass einer davon zu einem jungen Baum herangewachsen ist. Denke an einen

Autor, der eine flüchtige und schwer fassbare Idee zu packen bekommt, mit viel Mühe einen Roman daraus macht und dann die Begeisterung der Leser miterleben darf. Dieser Schritt von der Möglichkeit zur Wirklichkeit ist eine der größten Leidenschaften des Lebens – ein Vorgang, dem du in deinem Halschakra begegnest, wenn du diese Brücke von der Möglichkeit in die Wirklichkeit schlägst. Auch *du* bist ein Samenkorn voller Möglichkeiten, das wachsen will. Der Freitag ist der Tag, an dem du den Boden gießt und pflegst, damit du all den Reichtum hervorbringen kannst, den du in dir spürst.

Ein weiterer Aspekt des heutigen Glücks ist das gute Gefühl, wenn man es schafft, alles genauso auszudrücken, wie man es empfindet. Stelle dir die Freude eines Filmregisseurs vor, dem es gelungen ist, seine Vision am Set lebendig werden zu lassen. Wenn es dir gelingt, deine wahren Gefühle klar und deutlich auszudrücken, bedeutet das, dass du es in die reale Welt übertragen hast. Wenn dein Halschakra blockiert ist, kann dir die äußere Welt sehr fremd erscheinen. Das Durchbrechen dieser Barriere führt zu der freudigen Erkenntnis, dass es *deine* Welt ist. Du kannst dein wahres Selbst in der Welt ausdrücken und dich in ihrer Mitte niederlassen, ohne sie zu fürchten oder sich vor ihr zu verstecken.

Wenn du diesem Tag treu bleibst, wirst du weitere glückliche Momente erleben, nämlich die Genugtuung, das Leben eines anderen Menschen zu beeinflussen, wenn all das Wissen und die Fähigkeiten, die du angesammelt hast, seinen Geist oder sein Herz verändern. Durch Einfluss dienen wir als Teil eines größeren Ganzen. So wie wir von der Weisheit anderer positiv beeinflusst werden, so werden wir auch erfüllt, wenn wir unsere Talente in das große Netz weitergeben.

Was aber, wenn unsere Worte oder Taten auf Gleichgültigkeit oder gar Verachtung stoßen? Hier sagt uns das fünfte Chakra, dass es genug ist, auszudrücken, was man auszudrücken hat, ganz gleich, wie die Menschen reagieren. Es ist der Wunsch, etwas in der Welt zu bewirken, der zählt, nicht, wie erfolgreich man damit ist. Man muss die anderen nicht zwingen, zuzuhören; singe dein Lied und lasse die Welt und dein Schicksal bestimmen, wie viel Applaus du dafür bekommst.

Wiederhole diese Affirmationen

»Heute…

… mache ich mein inneres Licht und meine Schönheit in der Welt sichtbar.«

… erlaube ich meinem natürlichen Ausdruck, im Universum Widerhall zu finden.«

… verbreite ich einen positiven Einfluss in der Welt.«

… werde ich das Leben anderer verändern.«

… wage ich es, gehört zu werden.«

… werde ich das Lied singen, das ich in mir höre.«

… teile ich, was ich weiß.«

… schaffe ich neue und unerwartete Kommunikationskanäle.«

… öffne ich mich für neue Visionen.«

… höre ich auf meine wildesten Träume.«

Aktiviere dein Halschakra

Führe ein ehrliches Gespräch mit deinem Partner, deiner Familie, deinen Freunden, Kollegen oder deinem Chef. Gibt es Gefühle oder Wahrheiten, die ausgesprochen werden wollen, auch auf die Gefahr hin, dass es zu Konflikten kommt? Vergewissere dich, dass hinter deinen Worten eine konstruktive Absicht steckt – andernfalls wäre es klüger, solche Gefühle oder Beschwerden mit sich selbst auszumachen. Verlange nicht, dass andere akzeptieren, was du zu sagen hast; denke an das Gesetz der gewaltfreien Kommunikation, nach der deine Gefühle in deiner Verantwortung liegen. Eine weitere Möglichkeit, Ehrlichkeit zu üben, besteht darin, sich zu trauen, »nein« zu sagen und trotz der damit verbundenen Unannehmlichkeiten Grenzen zu setzen.

Schreibe einen Artikel, einen Blogbeitrag, einen Beitrag für soziale Medien oder einen Newsletter über Dinge, die dir wichtig sind. Wir leben im Zeitalter des Halschakras, und die virtuelle Welt ist voll von endlosen Möglichkeiten der Selbstdarstellung. Wenn du freitags Vorträge, Webinare oder YouTube-Vorträge halten kannst, könnte dies eine weitere gute Möglichkeit sein, das Chakra an dem dafür vorgesehenen Tag zu aktivieren.

Nimm dir Zeit für die Erstellung oder Verbesserung deiner Website oder anderer Kommunikationskanäle. Frage dich, ob sie wirklich widerspiegeln, wer du bist und was du vermitteln möchtest. Bemühe dich, sie kommunikativer zu gestalten, ihre Aussagen zu schärfen und zu vereinfachen, und suche nach Möglichkeiten, mehr Publikum zu gewinnen.

Erweitere dein Netzwerk. Suche nach Gleichgesinnten in Online-Communities oder bei Veranstaltungen, bei denen sich Menschen gegenseitig beeinflussen und inspirieren. Dies ist auch eine gute Möglichkeit, deine Kommunikationsfähigkeiten zu verbessern.

Widme deine Freitage Arbeitssitzungen und kreativen Brainstormings. Lerne bei solchen Diskussionen, die Meinungen anderer anzuhören, auch (und vor allem) jene, die deinen Ansichten widersprechen. Denke daran, dass das Halschakra auch damit zu tun hat, die Stimme der anderen zu hören. Die Ergebnisse der kognitiven Forschung bestätigen diese grundlegende Wahrheit: Für bessere Entscheidungen sollten sich die Entscheidungsträger die Stimmen der gegenwärtigen Befürworter, aber auch der künftigen Kritiker vorstellen.[38] Verbessere deine Selbstdarstellung. Es gibt viele gute Möglichkeiten, Charisma und Magnetismus zu entwickeln und ein geschickterer Kommunikator zu werden. Achte auf deine Körperhaltung, deinen Tonfall und deinen Kleidungsstil. Drückst du damit aus, was du sein oder werden willst? Prüfe dein Maß an Spontaneität, Klarheit des Ausdrucks und deine Fähigkeit zuzuhören. Zeichne dich selbst auf, wenn du einen Vortrag hältst und versuche, anderen oder dir selbst etwas zu erklären, schaue das Video sorgfältig an und führe entsprechende Korrekturen durch.

Erwirb Führungsqualitäten, um deine Fähigkeit, andere zu beeinflussen, zu stärken. Frage dich ehrlich: »Bin ich ein Vorbild? Lebe ich, was ich predige, und predige ich, was ich lebe?«

Protestiere oder engagiere dich in einer Bewegung, die gegen Ungerechtigkeiten kämpft. Da das Halschakra das Chakra der Gerechtigkeit ist, solltest du nach Möglichkeiten suchen, im Namen einer Sache, mit der du dich stark identifizierst, ein sozialer Kämpfer zu sein.

Aktivierung. Lächle in dein Halschakra hinein oder benutze die Chakra-Fluss-Meditation in Kapitel III, um es wie eine Blume der Welt gegenüber weit zu öffnen. Spüre, wie du die Tür deines Wesens durch das Halschakra öffnest und wie deine innersten Gedanken frei fließen, bis du die Kommunikationsbarriere durchbrichst. Wenn du einen aktiveren Start in den Tag bevorzugst, kannst du singen, chanten oder summen.

Inspiration. Lies oder schau dir Materialien über Selbstdarstellung, wirksame Kommunikation und Ehrlichkeit an, zu Spontaneität, gewaltfreier Kommunikation, zum Nein-Sagen und mit Kritik umgehen, zu positivem Einfluss, Berufung, Charisma und Führung, dazu, Visionär zu sein, zur Kraft der Manifestation, zum Visionen aufbauen, zur Entscheidungsfindung, zur Schreib- und Redekunst, dazu, die eigene Stimme einzusetzen, zu Persönlichkeiten, die freie Meinungsäußerung und kraftvolle Manifestation verkörpern und was dergleichen mehr ist.

Vision. Setze dich mit all den Dingen auseinander, die du mit Hilfe deines inneren Wissens, deiner schöpferischen Kräfte und Fähigkeiten verwirklichen kannst. Was liegt dir so sehr am Herzen, dass es dich zu engagiertem Handeln anspornt? Stelle dir vor, wie du heute dein bestes Selbst in der Welt manifestierst, indem du dich in realen Situationen offen ausdrückst. Wie sieht das aus? Gibt es irgendetwas, das herauskommen möchte, das dein Halschakra aber unterdrückt? Entscheide dich heute für Handlungen und Tätigkeiten, die deinen Ausdruck in der Welt verbessern.

Empfohlene Meditationsübung

Aum ist wahrscheinlich das am weitesten verbreitete Mantra der Welt. Es gilt als die Schwingung des kosmischen Antriebs, als göttliches Mantra, welches das Universum immer wieder ins Leben ruft. Es ist das Mantra der Manifestation und Verwirklichung, das erste Wort – deshalb verwenden es manche für eine verstärkte Manifestationskraft. Meditierende können *Aum* in den Tiefen ihrer Meditation erklingen hören, weil es kein von Menschen gemachtes Mantra ist, sondern ein Urklang, der schon immer da war.

Aum ist eine Kombination aus drei Grundlauten: A-U-M. (Es ist nicht die vereinfachte Form von »om«, wie gemeinhin geschrieben wird.) Alle Laute werden aus diesen drei Grundlauten gebildet.[39] Um das Wort richtig auszusprechen, öffne deinen Mund und sage »A« (Ahhh). Im gleichen Atemzug schließe den Mund leicht und der Laut wird zu »U«; schließe den Mund und der Laut wird zu »M«. Dies sind drei aufeinanderfolgende Laute, die im Grunde genommen wie ein einziger langer Laut geäußert werden. Alle drei Laute sollten gleichmäßig erklingen, mit tiefer, leiser Stimme, als kämen sie aus großer Tiefe.

Beginne damit, fünf bis zehn Minuten lang laut »Aum« zu intonieren. Atme es langsam und tief ein und spüre, wie du selbst zum Klang wirst. Lasse ihn durch den Körper, den Geist und das Nervensystem schwingen und spüre, dass dein ganzes Wesen davon erfüllt ist und jede Zelle mitschwingt.

Dann höre auf, das Aum laut zu intonieren, und beginne, es innerlich zu intonieren – aber immer noch »laut«, sozusagen, damit sich der Klang in deinem ganzen Körper ausbreitet und ihn überall erreicht. Fühle dich, als wäre dein Körper ein Musikinstrument, das diese harmonische Melodie dringend braucht. Mache das noch fünf bis zehn Minuten lang.

Lass den Klang in dein Unterbewusstsein wandern und mache ihn zu deinem ätherischen Hintergrund – ein Grundton, der seit Anbeginn der Zeit, schon vor deinem Dasein, immer da war, als würdest du ihn nur im Inneren wiederfinden. Du chantest ihn nicht mehr. Dies ist nicht dein Mantra. Es ist das Mantra des Universums. Du hörst nur zu. Es existiert außerhalb von dir, außerhalb deines Geistes. Du erfährst nur seine Reflexion in deinem Geist. Lass den Klang langanhaltend und schwebend sein.

Schlafe nicht ein; das Singen kann dich einlullen, weil es entspannend ist. Folge jedem Aum, als würdest du es an den Zügeln halten. Es ist wie ein magisches Wesen, das dich dorthin bringen kann, wo es herkommt: zum Ursprung des Universums. Es entspringt dieser

Quelle und kehrt immer wieder zu ihr zurück. Bei jedem Erscheinen erschafft es das Universum, erhält es und kehrt dann in die Leere zurück. Die Schöpfung vibriert also ständig.

Wenn du dem Aum zu seiner Wurzel folgst, lass dich von ihm in die unergründlichen Tiefen der Stille führen, aus der es hervorgegangen ist. Am Ende bleibe für einen langen Moment still.

Lass heute das Aum schwebend im Hintergrund mitschwingen. Was auch immer du heute angehst, hat den ewigen Hintergrund von Aum. Lasse das Aum zu einem unterschwelligen Klang werden – sogar unter deinen alltäglichen Gedanken und Emotionen – und du wirst erkennen, wie leicht dein ganzes Leben von tiefer Stille und dem mühelosen Zustand der Meditation durchdrungen wird.[40]

Weitere Praktiken

- Kleide dich in Blau – in der Farbe des Halschakras für Klarheit, Wahrheit und Vertrauenswürdigkeit – und hole es dir an deinen Arbeitsplatz oder in dein Zuhause. Du kannst dir auch einen blauen Himmel oder einen weiten, luftigen Raum vorstellen, der sich in der Kehle ausdehnt.
- Ermächtige dich selbst mit Affirmationen. Die Weisheit des Halschakras umfasst die materialisierende Kraft des Wortes und vor allem jener Worte, die wir uns in Form von unbewussten und bewussten Gedanken ständig vorsagen. Die heilende und zentrierende Energie der Affirmationen lenkt den Ton deiner inneren Stimme. Du kannst traditionelle Mantras oder die in diesem Kapitel vorgeschlagenen Affirmationen verwenden, oder du kannst kreativ sein und selbst Sätze und Aussagen finden, die sich sogleich auf deine Denkweise auswirken. Lasse diese Gedanken heute im Mittelpunkt stehen; stelle überall im Haus positive Erinnerungshilfen auf.
- Nutze assoziatives Schreiben, um deine verstopfte Kehle zu entwirren und deine innere Wahrheit zu finden. Es kann sein, dass du nach Jahren der Verdrängung und Selbstbeherrschung die Spontaneität und den natürlichen Fluss der Interaktion verloren hast. Assoziatives Schreiben (oder Sprechen) ist ein mächtiges Werkzeug, das dir

hilft, die Kontrolle abzugeben, das Gefühl festzustecken zu lösen und die wahre Stimme zu hören, die in dir strahlt. Setze dich bequem mit einem Stift und Papier oder vor deinem Rechner hin und lasse deine verwirrten Gedanken und Gefühle los. (Alternativ kannst du dich beim Sprechen selbst aufzeichnen.) Achte nicht auf Interpunktion, Grammatik oder Rechtschreibfehler und mache keine Pause, um die Gedanken auszuformulieren. Wenn du nichts zu sagen hast, schreibe: »Ich habe nichts zu sagen…«, bis sich der Redefluss wieder einstellt. Du kannst dich auf eine bestimmte Frage oder einen Konflikt konzentrieren, der dich heute beschäftigt. Meistens dient diese Übung einfach der Entspannung, doch manchmal, wenn sich unter den vielen Gedanken ein heller und weiser Gedanke herausschält, bringt er unerwartete Einsichten. Eine ähnliche Übung ist die Kauderwelsch-Meditation, bei der du unverständliches Zeug redest, um deinen Geist und deine Kehle zu reinigen.

- Singe, chante oder summe. Der Selbstausdruck kann mit einer verbalen Kommunikation beginnen; das bloße Erzeugen von Klängen, ob schön oder kathartisch, reinigt dein Halschakra und bereitet dich auf Austausch vor. Genieße das Singen, Chanten oder Summen, entweder allein oder im Kreis mit anderen. Versuche Oshos tibetisch inspiriertes *Nadabrahma* oder seine Chakra-Klang-Meditation, die alle sieben Chakren reinigt. Intensivere Formen dieser Praxis sind Schreien (vorzugsweise im Rahmen einer gruppendynamischen Meditation), absichtliches Lachen (siehe die Übung am Dienstag in Kapitel 2) oder Weinen (siehe die Übung am Donnerstag in Kapitel 4).
- Entdecke die harmonisierenden Kräfte der taoistischen Sechs Heilenden Klänge. Diese uralte Technik nutzt sechs Klänge, um in den Organen gespeicherte negative Energie in heilendes Licht zu verwandeln.
- Praktiziere »rechte Rede«. Die rechte Rede (*samma vaca*) wurde im Buddhismus kultiviert. Du trainierst das Halschakra, damit du ausgeglichen und genau bist. Jeden Tag geben wir vielen unnötigen Gedanken und Gefühlen eine Stimme – und schlimmer noch, einigen aggressiven und hasserfüllten Elementen in uns. Solche Äußerungen führen zu Disharmonie in uns und in unserer Umgebung.

Gewalttätige Worte werden oft als weniger »falsch« angesehen als gewalttätige Handlungen, und deshalb sind Online-Kommentare oft äußerst destruktiv. Manche mögen sogar denken, dass negative Worte gerechtfertigt sein können. Doch Negativität verschmutzt dein Herz und deinen Geist und hindert dich daran, die wahre Rolle des Ausdrucks zu erkennen: die Förderung einer positiven Entwicklung von dir und anderen. Verzichte zumindest freitags auf Lügen und Manipulationen, vermeide es, andere zu verleumden, widerstehe unhöflicher, unflätiger oder beleidigender Sprache und gib dich nicht dem Gerede oder Klatsch hin.

- Erstelle ein Visionboard. Visionboards sind eine überaus wichtige Freitagspraxis, um deine Manifestationskräfte zu wecken. Schließe deine Augen und komme in einen tiefen Entspannungszustand. Lasse dann eine Vision vom Zustand in drei, vier oder fünf Jahren in einem bestimmten Bereich (Beziehungen, Karriere, körperliche Gesundheit usw.) aufblühen. Wie würde die endgültige Erfüllung in diesem Bereich deines Lebens aussehen? In gewissem Sinne rufst du diese Vision nicht im Kopf hervor; betrachte sie als ein Potential, das dich im Feld der unendlichen Möglichkeiten erwartet. Gib dich nicht mit allgemeinen oder abstrakten Beschreibungen zufrieden, sondern sieh es so genau wie möglich vor dir und schreibe alles auf. Suche dann im Internet nach Fotos und Bildern, die die verschiedenen Phasen deiner Vision wiedergeben, und stelle alles auf einer Tafel oder in einem Album zusammen, wobei du die Bilder und die entsprechenden Teile deiner schriftlichen Vision miteinander verbindest. Konzentriere dich jeden Freitag darauf, dich inspirieren zu lassen, aber überarbeite das Visionboard von Zeit zu Zeit. Lege an jedem Tag des Ausdrucks deine nächsten Schritte in Anbetracht der Tafel fest.

Nimm die Herausforderungen an

Frage dich, ob es an der Zeit ist, dich bestimmten Themen zu stellen, die sich aus deiner Freitagsbegegnung mit dem kommunikativen Zentrum deines Wesens ergeben.

Hast du Angst, die Enthüllung einiger unterdrückter Teile deines Selbst könnten das Bild, das du nach außen abgibst, gefährden? Hast du Sorge, es würde zu sozialer Ablehnung führen, wenn du dein wahres Selbst zeigst? Achte darauf, ob du so sehr von den Reaktionen anderer abhängig bist, dass du am Ende nur noch sagst, was die anderen von dir hören wollen. Achte darauf, ob du dich wie gelähmt fühlst, wenn du im Rampenlicht stehst oder die Möglichkeit hast, dich oder deine Vision zu präsentieren. Achte auf hinderliche Gedanken und Gefühle, wenn es dir schwerfällt, deine Ideen schriftlich zu formulieren. Hast du eine zynische Stimme in dir, die sagt, du habest nichts Wesentliches im Austausch und in Diskussionen beizutragen? Denke an ein Erlebnis, bei dem eine schmerzhafte Kluft zwischen deinen Träumen und der Fähigkeit lag, praktische Schritte zu ihrer Verwirklichung zu unternehmen.

Du kannst dich entweder schriftlich mit diesen Herausforderungen auseinandersetzen oder nach Unterstützung suchen, die dich auf dem Weg zur Lösung dieser Probleme begleitet.

Tagebuch

Halte ein Tagebuch oder ein Notizbuch bereit, um während des Tages deine Gedanken und Beobachtungen festzuhalten. Du kannst frei drauflosschreiben, aber hier sind ein paar Fragen, über die du in Bezug auf die Arbeit mit dem Halschakra nachdenken kannst:

- Inwieweit habe ich die Fähigkeit, meine aufrichtigen Gedanken und Gefühle klar und verständlich auszudrücken und anderen mitzuteilen?
- Wage ich es, meinen Platz in der Welt einzunehmen? Sorge ich dafür, dass ich sichtbar bin und dass meine Stimme gehört wird?
- Weiß ich, wie ich mich zurückhalten kann, wenn es nötig ist, und wann ich lieber nichts sage?
- Kann ich mir die Meinungen und Gefühle anderer anhören?
- Wie kann ich mit dem Gefühl der Ungerechtigkeit umgehen?
- Fühle ich mich in der Lage, einen Vortrag zu halten oder so zu schreiben, dass ich andere beeinflussen kann? Was könnte diese Fähigkeit verbessern?

- Wie ist mein Verhältnis zur Kreativität? Fühle ich mich kreativ? Was sind die Bedingungen für die Entfaltung meiner Kreativität?

Den Tag beschließen

Dies war deine Begegnung mit der fünften Ebene deines Wesens, der Ebene des Ausdrucks, die durch dein Halschakra repräsentiert wird.

Drücke deine Dankbarkeit für den heutigen Tag aus. Erinnere dich daran, was du im Laufe des Tages erledigt hast und was du geplant hattest. Erinnere dich an Ereignisse, die direkt oder indirekt mit den Themen des Chakras zu tun haben könnten. Versuche nicht, kritisch zu bewerten, wie viel du heute erreicht hast. Selbst kleine Schritte sind echte Schritte, die du unternommen hast, und du hast nicht nur dieses eine Chakra, sondern deine gesamte Chakra-Säule zu mehr Wachstum angeregt.

Kurz vor dem Einschlafen, bevor du ins Bett gehst oder während du schon im Bett liegst, lenke deine Aufmerksamkeit in dein Halschakra hinter deinem Adamsapfel. Visualisiere, wie dieses Chakra dank deiner hingebungsvollen Aufmerksamkeit heute wunderbar aktiv ist, pulsiert und sich wie ein Rad um seine Achse dreht. Stelle dir vor, dass sich in der Mitte des Rades ein konzentrierter und hochpotenter Punkt befindet, der in blauem Licht leuchtet.

Spüre, wie sich dieser konzentrierte Punkt blauen Lichts im ganzen Körper ausbreitet, die Beine bis zu den Füßen bedeckt und bis zum Scheitel gelangt. Spüre, wie durch diese Visualisierung das Chakra sein einzigartiges Bewusstsein und seine Weisheit in Körper und Geist entlässt. Lasse die Chakra-Energie mit ihren heilenden Kräften in jeden körperlich, emotional oder mental blockierten Bereich gelangen und ihn durch ihr leuchtendes blaues Licht entwirren und beruhigen. Jetzt erstrahlt dein ganzes Wesen von Kopf bis Fuß in blauem Licht; sogar die Oberfläche deiner Haut strahlt dieses Licht aus.

Umgeben von diesem blauen Licht denke einen Moment lang über die größte Lehre des Halschakras nach: Du kannst tief in dir ein bedingungsloses und unabhängiges Gefühl von Authentizität und Klarheit des

Seins erfahren, unabhängig von Reaktionen, Kritik oder auch Ungerechtigkeiten.

Lasse nun das blaue Licht sich wieder in den konzentrierten blauen Punkt auflösen. Indem du einem Chakra deine volle Aufmerksamkeit widmest, machst du jetzt ganz natürlich und mühelos einen Sprung zum nächsten Chakra auf der Chakra-Leiter. Spüre für einen kurzen Moment die Vorfreude auf die morgige Frequenz: den Tag der Weisheit des Stirnchakras.

6 Samstag: Das Stirnchakra am Tag der Weisheit aktivieren

Das *Ajna*-Chakra, auch als Drittes Auge bekannt, wird meist als psychisches Auge dargestellt, das sich in der Mitte zwischen den beiden physischen Augen befindet. Es liegt direkt hinter der Stirn zwischen den Augenbrauen, und sein Blick ist eher nach innen als nach außen gerichtet. Einige Systeme argumentieren, dass der Chakra-Pfad mit *Ajna* beginnen sollte; als Sitz des inneren Gurus leitet es alle anderen Chakren durch sein Wissen, seine Intuition und sein tiefes Verständnis.[42] Der Samstag lädt dich ein, deinen Geist zu erweitern und ihn in eine führende Quelle von Klarheit und Einsicht zu verwandeln.

Spüre den Tag der Weisheit

Guten Morgen! Du bist soeben zu einem Tag erwacht, an dem ein außergewöhnliches Abenteuer auf dich wartet: Du hast die Gelegenheit, in die Weiten der geistigen Welt vorzudringen. Rüste dich mit nichts als Neugier und bringe, wenn möglich, deinen inneren Philosophen mit.

Die Chakren raten uns, dass keine Woche vergehen sollte, ohne dass wir etwas Neues lernen. Der rasante Lauf des Weltgeschehens kann leicht dazu führen, dass man sich nur mit der Oberfläche beschäftigt und so seine geistigen Fähigkeiten einschränkt. Nutze den Rückzug aus den weltlichen Verpflichtungen am Wochenende, um dich nach innen zu wenden. Sorge dafür, dass deine innere Welt nicht dumpf und oberflächlich bleibt.

Manche glauben fälschlicherweise, der Verstand sei eine nutzlose Maschine, die uns von unserem Herzen, unserer Intuition oder unserer spirituellen Natur wegbringt. Das ist vielleicht wahr, wenn dein Verstand unterernährt und mit giftigem Geschwätz überladen ist. Wenn du deinen Verstand missbrauchst, indem du zu viel über Unsinn nachdenkst, wirst du am Ende glauben, dass er unkreativ ist und zu nichts anderem führt als zu noch mehr Verwirrung und Unklarheit. Wenn du deinen Verstand richtig nährst, wirst du jedoch bald feststellen, dass er dich mit dem erhebenden Gefühl höchster Intelligenz belohnt. So wie dein Körper eine gesunde Ernährung braucht und dein Herz emotionale Befriedigung, so hat auch der Geist Hunger, und seine ideale Nahrung ist die Aufnahme neuer Gedanken, augenöffnender Ideen und anregender Einsichten. Ja, heute ist definitiv der richtige Tag, das Buch herauszukramen, das du schon lange lesen wolltest; vielleicht ist es an der Zeit, dein Gehirn zu gebrauchen, um etwa Stephen Hawkings Theorie der schwarzen Löcher zu verstehen!

Als Mensch hast du die unglaubliche Fähigkeit, immer wieder innezuhalten und nachzudenken. Sorge dafür, dass dies sinnvoll ist, stelle tiefschürfende Fragen und versuche, das »Wie« und »Warum« der Welt, in der du lebst, zu verstehen. Der Samstag ist die Gelegenheit, dich bewusst von großen Denkern und weisen Menschen anregen zu lassen, wobei du dich bemühst, deinen Geist dabei so weit wie möglich aktiv zu gebrauchen. Denke daran, dass es im sechsten Chakra um *deinen* inneren Guru geht und um die Weisheit und Wahrnehmung, die tief in dir schlummern.

Wenn du dich in philosophische Höhen aufschwingst, kannst du diese Vogelperspektive nutzen, um deinen Blick auf deinen Lebensweg zu weiten. Du selbst bist ein interessantes Studienobjekt! Denke über deine Lebensthemen und deine großen Herausforderungen nach und überlege, wohin das alles führen soll. Während du am Montag einen umfassenden Überblick über die Strukturen und die verschiedenen Aspekte deines Lebens hast, kannst du am Samstag die verschiedenen Teile des Puzzles betrachten und sie auf eine neue, weiterführende Weise zusammensetzen.

Erkenne die Segnungen

Öffne dich zu Beginn dieses Tages, um seine strahlende Weisheit und seine Gaben und Kräfte zu empfangen. Die erste Gnade des Samstags liegt in der Möglichkeit, dich mit jahrhundertealter Weisheit vertraut zu machen, sei es in philosophischer, wissenschaftlicher oder spiritueller Hinsicht. Es gibt zahlreiche Weise, die die Menschheit mit ihren tiefgründigen Erkenntnissen beschenkt haben. Deine in dir angelegte Neigung zu höherem Denken kann jeden schläfrigen Geist schnell aufwecken. Wenn unser Geist nicht stimuliert wird, wird er träge, wohingegen die richtige Inspiration den Geist anregt, sich bewusst zu bemühen, auch Dinge zu verstehen, die nicht ohne weiteres fassbar sind.

Ein gut genährter Geist ist nicht nur intellektuell zufrieden, sondern auch kreativer und effizienter. Aus diesem Grund hat Sharma in seine bekannte tägliche 5-Uhr-Praxis eine Lernphase eingebaut. Mit der Behauptung, dass die Welt den Lernenden gehört, betont er die Idee, dass du viel erfolgreicher bist, wenn du dein Lerntempo erhöhst.[41] Indem du neue, belebende Gedanken zulässt und deinen Geist bewusst nutzt, ersetzt du das unnötige automatische Denken durch informierte und nützliche Gedanken.

Wenn der Geist nicht ausgerichtet ist, beginnt er abzuschweifen und alles wird undurchsichtig. Das ist der Punkt, an dem sich Verwirrung einschleicht. Aber wenn deine Intelligenz wach ist, ziehst du die Zügel deines Verstandes an und bringst das Licht des Verstehens in dein Leben. Das sechste Chakra ist traditionell als Überwachungszentrum bekannt; sein weit geöffnetes Auge kann Ordnung in deine sonst unordentlichen und widerstrebenden Emotionen und Gefühle bringen. Es verwirft falsche Gedanken mit seiner scharfen Unterscheidung.

Wenn du offen für höhere Formen der Weisheit bist, wirst du bald noch ein Geschenk des heutigen Tages erfahren: die Fähigkeit, dein Leben in einem unpersönlicheren und universelleren Zusammenhang zu sehen. Um gut zu funktionieren, muss das Dritte Auge eine weite Perspektive gewinnen. Wir verbringen so viel Zeit damit, uns auf das riesige Puzzle unseres Lebens zu fokussieren. Wenn dein Drittes Auge jedoch geöffnet ist, sieht es mehr Teile des Bildes; auf diese Weise kann es dir sagen, was in deinem Leben bedeutsam und was unbedeutend ist. Das ist der Grund, warum du heute so hoch aufsteigst: Je höher du kommst, desto weiser wirst du und desto besser kannst du mit den täglichen Kleinigkeiten und Herausforderungen umgehen.

Nutze diesen Tag der Weisheit, um neugierig unbekannte Wissensgebiete zu erkunden. Solche Exkursionen werden dir helfen zu erkennen, dass du nicht nur ein passiv Lernender bist; wenn du deinen Geist mit großen Denkern beschäftigst, werden eigene Philosophien und spannende Gedanken geweckt. Du wirst erkennen, dass in dir ein verborgener Denker steckt, vielleicht nicht so innovativ wie Sokrates oder da Vinci, aber doch so gut, dass du deiner Intelligenz und Urteilskraft vertrauen lernst.

Und wer weiß, wenn du den Spuren dieses Tages folgst, offenbart er dir vielleicht sogar übersinnliche Intuition und deinem inneren Auge Visionen. Das sechste Chakra ist schließlich das Auge der Vorsehung, das Element, das in die unsichtbaren Bereiche des Universums und in dich hineinsieht.

Verbinde dich mit dem Glück des Tages

Erinnerst du dich noch an deine Kinderjahre, als du mit großen Augen durch die Gegend liefst und die Erwachsenen den ganzen Tag nach

»Warum?« und »Wie?« fragtest? Du hast diesen kleinen Philosophen in dir nicht verloren, auch wenn er vorübergehend unter den dicken Schichten der unmittelbaren Anforderungen des Lebens und dem Glauben begraben wurde, dass solche Fragen überflüssig oder einfach unbeantwortbar sind. Heute hast du die Chance, diesen ekstatischen Wissensdrang, diese kindliche Neugier angesichts einer Welt voller Magie wiederzufinden.

Es gibt natürlich auch das Glück der Einsicht, wenn das Universum dir großzügig wahres Wissen schenkt. Denke an Archimedes, den antiken griechischen Mathematiker und Erfinder, der angeblich aus seiner Badewanne sprang und nackt durch die Straßen von Syrakus lief und »Heurēka!« rief (»Ich habe es gefunden!«), nachdem er unvermittelt ein Naturgesetz entdeckt hatte.[43] Spannende Entdeckungen gibt es überall – sogar in deiner Badewanne –, wenn du dich nur auf sie einlässt. Lasse deine verschütteten Fragen wieder auftauchen und mache dich auf den Weg zu neuen Erkenntnissen.

Das Glück des Samstags hat mit dem Gefühl zu tun, dass es noch so viel zu lernen gibt. Die Welt explodiert vor faszinierenden Ideen. Heutzutage sind sie nur einen Klick entfernt. Viele Menschen neigen dazu, sich zu sehr zu spezialisieren und ihre Aufmerksamkeit nur auf die Dinge zu richten, die ihr Fachwissen und ihr Leben direkt betreffen. Dann beginnen sie zu glauben, sie wüssten bereits alles, was es zu wissen gibt! Freue dich daran, deine Horizonte zu erweitern und dich in unerwarteten Erkenntnissen zu verlieren. Je mehr du dich öffnest, um zu empfangen, desto mehr Wissen ziehst du an, das deine vertrauten Grenzen herausfordert. Zu Beginn der Woche hast du den Abenteurer des Dienstags erfahren: das Abenteuer intensiver Körper- und Gefühlserfahrungen. Der Samstag ist ein Abenteuer, aber eines, das du durch deinen Geist erlebst.

Ein weiterer Aspekt der heutigen Glückseligkeit besteht darin, dass der Geist hellwach und in positiver Stimmung ist. Das Gefühl geistiger Wachheit ist mit einem starken Gefühl der Gesundheit verbunden, das sich kaum von der Freude eines hochenergetischen Körpers unterscheidet. Wenn du diesen sechsten Sinn aktivierst, wirst du feststellen, dass du noch nie so lebendig und präsent warst.

Wiederhole diese Affirmationen

»Heute...
... bin ich der wissbegierige Student des Lebens.«
... möchte ich von den größten Lehrern der Menschheit lernen.«
... öffne ich mich den Rätseln und Geheimnissen des Lebens.«
... lerne ich, wie man die richtigen Fragen stellt.«
... ziehe ich das Wissen an, nach dem mein Geist dürstet.«
... lasse ich meine Neugier mir den Weg zeigen.«
... kontaktiere ich den Philosophen in mir.«
... betrete ich die inneren Welten meiner tiefsten Weisheit.«
... lerne ich, meiner Intelligenz und Weisheit zu vertrauen.«
... springe ich von trivialen Gedanken in die Weiten meines Geistes.«

Aktiviere dein Stirnchakra

Lerne heute etwas Neues. Nimm dir vor, dich heute mit etwas zu beschäftigen, das du noch nicht kennst. Dies könnte die Erweiterung eines Bereiches sein, der dir schon vertraut ist; es kann aber anregender sein, wenn du dich mit Gebieten auseinandersetzt, die bisher nicht dein Ding waren. Manchmal ergeben sich bessere Einsichten aus unerwarteten Begegnungen mit sehr weit entfernten Denkweisen.

Lies etwas oder schau dir etwas an, das dein Gehirn beansprucht. Aus der Kognitionswissenschaft wissen wir zwar, dass unser Gehirn standardmäßig auf »kognitive Leichtigkeit« eingestellt ist – das heißt, es vermeidet jede unnötige Anstrengung, solange alles gut läuft –, aber bewusste Momente »kognitiver Anstrengung« können deinen Geist trainieren und seine Kapazitäten erweitern.[44] Sich bei der Arbeit nur zu konzentrieren, wenn es sein muss, ist nicht zielführend. Lasse dich von der Selbstüberwindung des Mittwochs inspirieren und betrachte den heutigen Tag als mentales Fitnessstudio, in dem du dich mit weniger leicht verdaulichen Ideen auseinandersetzt.

Wähle eine beliebige, dir zur Verfügung stehende Lernplattform. Wenn du dein Haus oder deinen Arbeitsplatz nicht verlassen kannst, lies komplexe Bücher oder schaue dir zum Nachdenken anregende Vorträge auf YouTube an. Es gibt viele versteckte Perlen im Internet, darunter seltene Interviews und Vorträge großer Denker des zwanzigsten Jahrhunderts. Wenn möglich, besuche eine augenöffnende Vorlesung oder sogar ein Tagesseminar.

Überlege, ob du ein neues Studium in Angriff nehmen willst. In welches Wissenssystem oder Fachgebiet würdest du als Student des Lebens eintauchen wollen? Genieße die aufregende Erfahrung der Suche nach einem solchen langfristigen Programm. Man weiß nie, wann die erworbenen Fähigkeiten plötzlich für einen selbst oder für andere nützlich werden können.

Verwandle deine aktuelle Situation in eine Frage, die dich interessiert. Sogar emotionale Zustände wie Liebeskummer oder Eifersucht können genutzt werden, um über grundlegende Fragen des menschlichen Lebens nachzudenken oder über die Funktionsweise unserer Psyche und der Natur der Welt, in der wir leben. Denke zum Beispiel darüber nach: »Ist es möglich, völlig frei von emotionalen Bindungen zu sein?« Fragen wie diese helfen dir, dich über deinen aktuellen Zustand zu erheben und zu erkennen, dass deine Situation Teil eines universellen Zustands ist. Manchmal können universelle Perspektiven dich sogar mehr befreien als die Lösung einer emotionalen Bindung. Wenn dich heute kein persönliches Problem beschäftigt, kannst du andere Fragen in deinem Geist bewegen, auch solche, die du gar nicht gestellt hast, weil sie dir so unlösbar scheinen, etwa: »Was ist der Sinn des Lebens?« Versuche, bis zum Ende des Tages aus deiner Frage mindestens eine Erkenntnis zu gewinnen.

Führe mit Freunden philosophische Gespräche oder stelle entsprechende Fragen. Anstelle von Tratsch und banalen Gesprächen solltest du die Zeit nutzen, im Zusammensein größere Fragen aufzuwerfen, die ihr gemeinsam klären und erforschen möchtet. Manchmal gibt es wunderbare Momente der Intimität zwischen Menschen, wenn sie über Trivialitäten hinausgehen und zu einer gemeinsamen Erkenntnis gelangen. Wenn du keine dringenden Fragen hast, kann dir ein philosophischer, wissenschaftlicher oder spiritueller Text weiterhelfen.

Nimm deine unklaren oder störenden Gedanken ins Visier. Nutze den Samstag nicht nur, um deine höheren geistigen Fähigkeiten zu wekken, sondern auch, um dich von unnötigen und selbstzerstörerischen

Gedanken zu befreien. Gibt es Gedanken, die dich immer wieder heimsuchen und dein Wesen auslaugen? Oft nehmen wir uns nicht die Zeit, uns diesen mentalen Schatten zu stellen. Wenn du sie erkannt hast, suche nach einer wirksamen Methode, um sie aus deinem Geist zu vertreiben, wie etwa The Work von Byron Katie. Bemühe dich auch darum, Emotionen und Gefühlen einen Sinn zu geben, für die du bisher keine Zeit hattest. Dies kann durch ein Gespräch mit einem klardenkenden Freund, einen Besuch bei einem Therapeuten oder die Lektüre eines Selbsthilfebuchs erreicht werden.

Praktiken für einen kraftvollen Tag

Aktivierung. Lächle in dein Drittes Auge oder benutze die Chakra-Blüten-Meditation in Kapitel III, um es wie eine Blume zur Welt hin weit zu öffnen. Dann richte deine Aufmerksamkeit auf das innere Auge, hinter den beiden physischen Augen, als ob du die Welt nur mit diesem Auge betrachten würdest. Diese Praxis, die im Detail als empfohlene tägliche Meditation in diesem Kapitel vorgestellt wird, aktiviert das innere Wissen und die Vision des sechsten Chakras. Versuche generell, den ganzen Samstag über, die Welt mit dem Dritten Auge zu sehen und die Welt, die Menschen und die Situationen nur aus diesem Blickwinkel zu betrachten.

Inspiration. Betrachte oder lies Materialien zu jedem Wissensgebiet, von der Geschichte bis zur Kosmologie, den neuesten wissenschaftlichen Forschungen und Entdeckungen, spirituellem Wissen, philosophischen Ideen im Laufe der Menschheitsgeschichte, Philosophen, die anregende Ideen geäußert haben, Arten von Intelligenz, verbesserten Denkweisen, von den Fähigkeiten des Geistes, des Gehirns, der menschlichen Psyche, Fragen, die du mit Leidenschaft verfolgst, und so weiter.

Vision. Denke an alle Fragen, die deine Neugier wecken. Welche Fragen stellen sich dir im Moment? Stelle dir vor, wie du dich ganz den Tiefen des Wissens und der Weisheit öffnest, wie du in höheres Denken eintauchst. Wie sieht das aus? Gibt es Gedanken oder andere Hindernisse, die deine Klarheit und dein Verständnis einschränken? Entscheide dich für eine Sache, die du heute lernen willst, und für eine Übung, um dein Denken zu verbessern.

Empfohlene Meditationsübung

Das Dritte Auge ist ein wichtiger Beitrag des alten indischen Denkens; es ist das Verständnis, dass es zwischen den beiden Augen ein Drittes Auge gibt, das normalerweise inaktiv bleibt. Das Dritte Auge ist das Licht des Bewusstseins. Unsere beiden Augen können nicht für innere Wahrnehmung und Erkenntnis eingesetzt werden, weil sie nur nach außen schauen. Mit dem Dritten Auge können wir unseren Blick nach innen richten. Die einfachste Art, dieses schlafende Auge zu stimulieren, ist, die Augen zu schließen und sich auf den Raum zwischen den beiden Augenbrauen zu konzentrieren. Dies ist eine der einfachsten Methoden, um in inneres Gewahrsein zu gelangen.

Das Dritte Auge ist ein Magnet für Aufmerksamkeit. Wenn du ihm Aufmerksamkeit schenkst, wird deine Aufmerksamkeit magnetisch angezogen und darin aufgesogen. Etwas Außergewöhnliches geschieht, wenn du deine Aufmerksamkeit darauf richtest – das Dritte Auge konzentriert deine gesamte geistige Energie. Mit diesem einfachen Fokus kann deine geistige Energie nicht mehr verschwendet werden. Die Gedanken bewegen sich vor dir, ziehen vorbei wie Wolken am Himmel, und du identifizierst dich nicht mit ihnen. Sich auf das Dritte Auge zu konzentrieren, ist nicht so, als würde man sich auf seine Gedanken konzentrieren; das Dritte Auge ist eher der freie und stille Beobachter der Gedanken.

Lege deine Handflächen für mindestens fünf Minuten auf deine geschlossenen Augen. Lasse deine Handflächen die Lider berühren, aber mit wenig Druck, wie eine Feder, die auf deinen Augen ruht. Übe immer weniger Druck aus, bis du dich berührst, ohne dich zu berühren, als ob deine Hände kein Gewicht hätten. Wenn du die Augäpfel mit den Handflächen leicht berührst, beginnt sich subtile Energie im Inneren zu bewegen. Du wirst spüren, wie sich Leichtigkeit in deinem Gesicht und auf deinem Kopf ausbreitet und dich von innen heraus beschwingt macht.

Langsam wird die von den Augen zurückfließende Energie auf das Dritte Auge treffen, und vielleicht wird sie vom Dritten Auge auch in dein Herz sickern. Lasse dein Herz sich öffnen, um dieses Absickern aus dem Dritten Auge aufzunehmen. Wenn deine Augen ruhig und entspannt sind und die Energie von ihnen zum Dritten Auge fließt, werden die Gedanken ganz natürlich aufhören.

Nimm die Handflächen von den Augen und richte deine geschlossenen Augen auf die Mitte deiner Stirn aus, indem du den Punkt des Dritten Auges bewusst spürst. Wenn du diesen Punkt erreicht hast, werden deine Augen starr. Nimm wahr, wie das Dritte Auge die ganze Energie deines Geistes bündelt und wie du reines Gewahrsein wirst, abgelöst von den Gedanken. Nachdem du dich mindestens fünfzehn Minuten lang auf dein Drittes Auge konzentriert hast, öffne langsam und sanft deine Augen.

Betrachte heute die Welt – sowohl die innere als auch die äußere Welt – mit deinem Dritten Auge. Stelle dir vor, du habest nur dieses eine, und deine beiden physischen Augen seien zweitrangig. Wie sieht die Welt aus? Wie sehen deine Gedanken aus? Schließe die Augen, wann immer es möglich ist, und versetze dich – und sei es auch nur für einen Moment – an den tieferen Punkt, nicht nur zwischen den Augen, sondern auch hinter den Augen. Du wirst merken, wie dein Verstand auf diese Weise leicht zum Schweigen gebracht wird; erkenne, dass du mit dir als reinem Gewahrsein in Kontakt kommst.

Weitere Praktiken

- Kleide dich in Violett – die Farbe des Stirnchakras, die für Tiefe und originelles Denken steht – und hole es dir an deinen Arbeitsplatz oder in dein Zuhause.
- Nimm Lebensmittel und Superfoods zu dir, die dein Gehirn nähren. Blaubeeren, Brokkoli, Nüsse, Samen, dunkle Schokolade, Avocados und Vollkornprodukte sind allesamt gut erforschte Beispiele.
- Schärfe deinen Verstand mit Spielen wie Rätseln, Quizzen und Puzzles. Es gibt eine Vielzahl von mentalen Trainingsmöglichkeiten. Versuche es mit *Neurobic*, das dein Gehirn im Kleinen an neue Er-

fahrungen heranführt, etwa ans Zähneputzen mit der nicht dominanten Hand oder andere morgendliche Aktivitäten.

- Entwickle eine kreative Idee. Wähle eine Vision, die als Möglichkeit in dir existiert – etwa die vage Vorstellung von einem Roman, den du schon immer schreiben wolltest – und bemühe dich, sie so weit wie möglich auszuarbeiten und zu strukturieren. Die Umwandlung eines schwer fassbaren Gedankens in eine klare, gut verständliche Idee ist eine ausgezeichnete Übung für dein Drittes Auge.
- Werde dein eigener Lehrer. Das gelingt dir, wenn du deine tiefsten Gedanken auf Papier fließen lässt. Gib der Einsicht eine Stimme und erkenne allmählich, dass Weisheit in dir steckt. Eine Möglichkeit, sie hervorzuholen, besteht darin, sich selbst wichtige Fragen zu stellen. Schließe die Augen und stelle dir eine Manifestation deiner selbst in deiner weisesten, reifsten Form vor. Stelle eine Frage und lasse deinen inneren Guru antworten. Selbst wenn du die Antwort nicht verstehst, schreibe sie auf. Du kannst die Antworten mit anderen teilen und ihre Bedeutung und Implikationen diskutieren.
- Erzähle deine Lebensgeschichte und erzähle sie neu. Als Erzähler der Geschichte deines Lebens hast du die Macht, sie auf befreiende und fördernde Weise neu zu gestalten. Suche nach Techniken und Büchern, die dir helfen, unbewusste Narrative zu korrigieren. Entwirf eine Geschichte voller Möglichkeiten und Wachstumschancen.
- Lerne, deinen Geist zu beherrschen und zu steuern. Jede Meditation, die Konzentration oder neutrale Beobachtung von Gedanken und Gefühlen fördert, kann hilfreich sein. Jack Kornfields Meditationsreihe *A Mind Like Sky* kann dir helfen, einen Geist zu entwickeln, der weit ist wie der Weltraum und in welchem Gedanken ohne Anhaftung auftauchen und verschwinden können.
- Entdecke das sechste Chakra als Tor zu inneren Reisen und Dimensionen. Das gelingt dir, wenn du mit Praktiken des Dritten Auges experimentierst, die das übersinnliche Sehen und die Intuition fördern.[45] Luzides Träumen und Channeling sind Beispiele für eine solche Aktivierung.
- Probiere die *Shri Yantra* Meditation aus. *Yantras* sind uralte geometrische Konstruktionen, die auf den Prinzipien der heiligen Geometrie

beruhen; *Shri Yantra* wird als die Königin der *Yantras* angesehen. Der Blick in das *Shri Yantra* ist eine tiefe Meditation mit dem Dritten Auge, durch die du mit deinem Bewusstsein über den normalen Rahmen des Geistes hinausgehen kannst.

- Beschäftige deinen Geist mit der spirituellen Selbsterforschung. Spirituelle Meister, wie der Mystiker Ramana Maharshi aus dem zwanzigsten Jahrhundert, haben empfohlen, Fragen zu stellen, um innere Erleuchtung zu erlangen. Maharshis besondere Frage war »Wer bin ich?« eine Form der Untersuchung der Natur des Geistes. Im Zen-Buddhismus werden hierfür *Koans* verwendet. *Koans* sind verblüffende Rätsel, die Zen-Meister nutzen, um bei ihren Schülern ein nonverbales Verständnis auszulösen. Es gibt auch Schriften, die zur Selbsterforschung anregen, wie zum Beispiel der jahrhundertealte hinduistische Text *Yoga Vasistha*.

Nimm die Herausforderungen an

Werde dir klar, ob es an der Zeit ist, dich bestimmten Themen zu stellen, die sich aus deiner samstäglichen Begegnung mit dem geistigen Zentrum deines Wesens ergeben.

Erkenne mögliche geistige Trägheit, wenn du etwas über die Herausforderungen des sechsten Chakras liest. Achte darauf, ob dein Geist zu vernebelt, verwirrt und überlastet ist, um den Tag der Weisheit zu würdigen. Siehst du dich als Mensch mit Gefühlen und einem Körper, der nicht an der Entwicklung des Intellekts interessiert ist? Achte darauf, ob du dich gegen neue Ideen sträubst. Hast du das Gefühl, bereits viel zu wissen? Misstraust du möglicherweise deiner eigenen Intelligenz und Weisheit? Glaubst du, geistig nicht hellwach sein zu können? Prüfe, ob du darauf konditioniert wurdest, auf bestimmte Art über das Lernen zu denken; vielleicht hast du ein Schultrauma oder enttäuschende Erfahrungen im Zusammenhang mit Autoritäten?

Du kannst dich entweder schriftlich mit diesen Herausforderungen auseinandersetzen oder nach Unterstützung Ausschau halten, die dich auf dem Weg zur Lösung dieser Probleme begleitet.

Tagebuch

Halte ein Tagebuch oder ein Notizbuch bereit, um während des Tages deine Gedanken und Beobachtungen festzuhalten. Du kannst frei drauflosschreiben, aber hier sind ein paar Fragen, über die du in Bezug auf die Arbeit mit dem Dritten Auge nachdenken kannst:

- In welchem Maße erlebe ich einen wachen, leidenschaftlichen, frischen und neugierigen Geist?
- Dürste ich nach Wissen?
- Habe ich Raum für neue Dimensionen der Erfahrung und des Lernens?
- Macht es mir Freude, mein Wissen über die Welt und über mich zu erweitern?
- Weiß ich, wie ich mich auf philosophische Gedanken einlassen kann? Weiß ich, wie man Fragen stellt und ihnen nachgeht?
- Kann ich den inneren Guru finden, der auf meine innersten Fragen antwortet?
- Bin ich in der Lage, Worte der Weisheit aufzunehmen und zu verinnerlichen?
- Kann ich meine Gedanken vernehmen und erkennen, welche davon konstruktiv und welche für mein Wachstum und meine Entwicklung irrelevant sind?

Den Tag beschließen

Dies war deine Begegnung mit der sechsten Ebene deines Wesens, der Ebene der Weisheit, die durch dein Stirnchakra repräsentiert wird.

Drücke deine Dankbarkeit für den heutigen Tag aus. Erinnere dich daran, was du im Laufe des Tages erledigt hast und was du geplant hattest. Erinnere dich an Ereignisse, die direkt oder indirekt mit den Themen des Chakras zu tun haben könnten. Versuche nicht, kritisch zu bewerten, wie viel du heute erreicht hast. Selbst kleine Schritte sind echte Schritte, die du unternommen hast, und du hast nicht nur dieses eine Chakra, sondern deine gesamte Chakra-Säule zu mehr Wachstum angeregt.

Kurz vor dem Einschlafen, bevor du ins Bett gehst oder während du schon im Bett liegst, lenke deine Aufmerksamkeit in dein *Ajna*-Chakra hinter der Stirn. Visualisiere, wie dieses Chakra dank deiner hingebungsvollen Aufmerksamkeit heute wunderbar aktiv ist, pulsiert und sich wie ein Rad um seine Achse dreht. Stelle dir vor, dass sich in der Mitte des Rades ein konzentrierter und hochpotenter Punkt befindet, der in violettem Licht leuchtet.

Spüre, wie sich dieser konzentrierte Punkt violetten Lichts im ganzen Körper ausbreitet, die Beine bis zu den Füßen bedeckt und sich bis zum Scheitel ausdehnt. Spüre, wie durch diese Visualisierung das Chakra sein einzigartiges Bewusstsein und seine Weisheit in Körper und Geist entlässt. Lasse die Chakra-Energie mit ihren heilenden Kräften in jeden körperlich, emotional oder mental blockierten Bereich gelangen und ihn durch ihr Leuchten entwirren und beruhigen. Jetzt strahlt dein ganzes Wesen von Kopf bis Fuß in violettem Licht; sogar die Oberfläche deiner Haut strahlt dieses Licht aus.

Umgeben von diesem violetten Licht, kontempliere für einen Moment die wichtigste Lehre des Stirnchakras: Du bist in der Lage, einen bedingungslosen und unabhängigen Geist tief in dir zu erleben, der klar, wach und weise ist; er bleibt selbst von lauten, turbulenten und sich ständig verändernden Gedanken unberührt.

Lasse nun das violette Licht sich wieder in den konzentrierten violetten Punkt auflösen. Indem du einem Chakra deine ganze Aufmerksamkeit widmest, machst du jetzt ganz natürlich und mühelos einen Sprung zum nächsten Chakra auf der Chakra-Leiter. Spüre für einen kurzen Moment die Vorfreude auf die morgige Frequenz: den Tag des Geistes des Scheitelchakras.

7 Sonntag: Das Scheitelchakra am Tag des Geistes aktivieren

Am höchsten Punkt deines Wesens, in der Mitte deiner Schädeldecke, befindet sich das Scheitelchakra (*Sahasrara*). Manche sagen, es sei gar kein Chakra, sondern der Gipfel des vorangegangenen Aufstiegs durch die Chakren.[46] Es ist das Zentrum der Transzendenz, in dem man sich jenseits von Zeit und Raum, weltlichem Bewusstsein und der Welt, wie wir sie kennen, befindet. Es ist, als säße man auf dem Scheitelpunkt eines Berggipfels, von dem aus das eigene Leben als Miniaturlandschaft erscheint. Der Sonntag gibt dir die Möglichkeit, ganz hochzusteigen und die Sorgen aller anderen Chakren hinter dir zu lassen.

Spüre den Tag des Geistes

Guten Morgen! Du bist gerade zu einem Tag voller Ruhe erwacht, an dem die Zeit stehenbleibt und tiefe Stille dein Haus und dein Wesen durchdringt. Erinnere dich an die biblische Schöpfungsgeschichte: Wenn Gott sich nach einer langen Woche der Schöpfung zufrieden zurückziehen konnte, warum dann nicht auch du? Erlaube dir heute, dich ganz und gar des Tätigseins zu enthalten.

Es ist eine Zeit, in der dein Verstand und dein Herz ausruhen können, weil du spürst, dass du innerlich loslassen und zutiefst unbesorgt sein kannst. Wenigstens heute kommt die Welt ohne dich aus. Du bist endlich frei, deine ganze Aufmerksamkeit auf dein Innerstes zu richten. Glücklicherweise unterstützt die kollektive Ruhe am Sonntag dich darin, diese Haltung ohne Schuldgefühle anzunehmen.

In der Woche hast du dich auf die aktiven, sich verändernden, fortschreitenden Aspekte der Welt und deiner selbst ausgerichtet. Jetzt ist es an der Zeit, die andere Hälfte zum Zuge kommen zu lassen: den stillen, unveränderlichen Teil deines Wesens. Dieser Teil ist immer da und hat Anteil am ewigen Grund aller Schöpfung. Du musst dich nicht anstrengen, um ihn zu erreichen. Es ist eher so, als ob man den richtigen Radiosender einstellt, der als Hintergrundmusik der Welt nur Stille sendet. Der siebte Tag ist deine Chance, diese Musik zu hören und am siebten Tag der Schöpfung teilzuhaben: der Meditation des Universums.

Der heutige Tag steht für Zeitlosigkeit. Vergiss, dass es vor dem Sonntag überhaupt eine Woche gab. Denke nicht an den Tag danach oder an die folgende Woche. Der Sonntag ist ein wenig wie der Dienstag, der das Leben im Hier und Jetzt feiert, doch der Sonntag geht viel tiefer. Betrachte ihn als einen Nicht-Tag zwischen den Wochen, als eine Insel, die von einem Meer des Friedens umspült wird.

Wenn du dem Potential dieses Tages getreulich folgst, wird er dein Wesen tiefgreifend erneuern und alle Spannungen und den Druck, der sich in deinem Körper und Geist angesammelt hat, lösen und beseitigen. Wenn du es richtig machst, wird er dich in einen neuen Kreislauf der Schöpfung, des Strahlens und des Lichts führen. Dies erfordert ein gewisses Vertrauen deinerseits, alle Arbeitsverpflichtungen und alle

Gedanken und Sorgen über die ungelösten Fragen deines Lebens vollständig beiseitelassen zu können. Bald wird das Vertrauen durch die Einsicht ersetzt, dass eine solche Aussetzung auch die bessere Strategie ist. Wenn du dich im tiefsten Sinne regenerierst, wirst du tatsächlich mit tieferer Einsicht in dein tägliches Leben zurückkehren und die dortigen Probleme lösen können.

Erkenne die Segnungen

Wenn du deinen Tag beginnst, öffne dich, um seine strahlende Weisheit, Gaben und Kräfte zu empfangen. Das Scheitelchakra ist der Teil von uns, der oft nicht wahrgenommen wird, weil er in vielerlei Hinsicht keinen wesentlichen Teil des menschlichen Lebens darstellt. Manche fühlen sich berufen, tiefe spirituelle Zustände zu erreichen; sie sind ihr höchstes und edelstes Ziel. Aber zu jenen musst du nicht gehören, um von der einzigartigen Perspektive dieses Chakras zu profitieren. Wenn du diesem Chakra einen Tag pro Woche widmest, wird es diese unbekannte Schicht deines Wesens erhellen und seine entscheidende Rolle auf deinem integrativen Weg erfüllen. Nachdem du dein Herz, deinen Geist und deinen Körper den sechs aktiven Aspekten des Lebens gewidmet hast, ist der Tag des siebten Chakras die eine fehlende Lektion, die dein Leben vervollständigt.

Die heutige Lehre ist, dich daran zu erinnern: Jenseits der sich ständig verändernden Bedingungen des Lebens und deiner schwankenden Stimmungen, Gedanken und Emotionen gibt es ein unveränderliches, völlig unabhängiges Wesen in dir, das seit Anbeginn der Zeit unbeeinflusst geblieben ist. Es ist wie der Weltraum, in dem es unzählige Sterne gibt, oder der weite blaue Himmel, der die vorbeiziehenden Wolken aufnimmt und dabei völlig unbeeinflusst bleibt. Das ist es, was der siebte Tag verdeutlichen möchte: das unvergängliche Element, das sich hinter all deinen gesellschaftlichen und persönlichen Identitäten verbirgt.

Heute wirst du lernen, wie wichtig es ist, mit diesem innersten Teil in Kontakt zu treten, denn sobald er erwacht, befreit er dich von Anhaftung, Angst, Abhängigkeit und Mangeldenken. Dieses innere Wesen braucht die Welt nicht, um vollständig und zufrieden zu sein; daher lässt es dich glücklich sein, ohne dass du auf äußere Ereignisse warten musst, die dir Glück bringen. Aus dieser tiefgründigen Perspektive heraus »brauchst« du weder die andere Person, die du liebst, noch »musst« du Karriere machen, um zufrieden zu sein. Glück wird zu etwas Innerem, zu einer Qualität des Seins, die vollständig in deiner Hand liegt.

Wenn du und dein Wesen mit dem Segen dieses Tages verschmelzen, wird er dir eine wahrhaftige innere Stabilität offenbaren, in der nichts deiner Welt etwas anhaben kann. Eine solche Stabilität wird den Aufruhr der Woche schnell und wirksam zum Schweigen bringen und übertriebenes Tun und Denken in ihrer Stille absorbieren. Indem du dich mit diesem Teil von dir vertraut machst, der niemals leidet, wirst du in einen anderen Wochenzyklus finden, der weniger abhängig macht und damit auch weniger sorgenvoll und furchteinflößend ist. Du wirst deinen Geist von einem ungebundenen, jenseitigen Standpunkt aus anleiten können.

Das Geheimnis ist, dass Aktivität ohne ihr Gegenteil – die Untätigkeit – nicht vollständig oder ausgeglichen sein kann, so wie Klang nicht ohne Stille existieren kann. Du brauchst diesen anderen Teil von dir, um dein Handeln von Spannungen zu befreien. Wenn du weißt, dass du existierst, auch ohne etwas zu tun, und dass du glücklich sein kannst, auch wenn du keine deiner Zukunftspläne umsetzt, wird dein Handeln in der Welt freier. Um dies zu erreichen, nimm heute Kontakt mit den unerforschten Weiten deines Inneren auf.

Verbinde dich mit dem Glück des Tages

Das hinduistische *Ashrama*-System geht davon aus, dass jeder Mensch vier altersabhängige Lebensphasen durchlaufen sollte. Ab dem achtundvierzigsten Lebensjahr (nachdem der Einzelne die »Schüler-« und »Hausstandsphase« treu absolviert hat) wird er ermutigt, sich von der Welt zu lösen und sich in spirituelle Angelegenheiten zu vertiefen; dies wird die »Phase des Rückzugs« genannt, auf die die »Phase der Entsagung« folgt.[47] Kontemplation ist das Gefühl der endgültigen Befreiung von weltlichen Verpflichtungen, ein Moment, in dem du dich frei in den offenen Himmel deines Geistes erheben kannst.

Die meisten Menschen sind sehr beschäftigt und besorgt und versuchen, alles unterzubringen, was das Leben in der Woche so mit sich bringt. Dabei vergessen wir leicht unseren Kern. Deshalb ist das Glück von heute vor allem die Freude an der Unbekümmertheit. Es ist wie ein Aufenthalt an einem weit entfernten Ort, wohin die politischen Nachrichten der Welt nicht gelangen – solange man dort ist, passiert in der Welt nichts außer Sonnenuntergängen und dem Rauschen des Meeres. Die Probleme der Welt existieren nur, weil du sie wahrnimmst. Bleibe heute glückselig unbewusst – sogar deiner eigenen Probleme. Mit dieser gesunden Distanz kannst du auch das Glück des Alleinseins nutzen. Niemand ist ohne Beziehungen und erfüllenden Austausch vollständig, und die Dienstage und Donnerstage sorgen dafür, dass du dies nicht vergisst. Aber heute kannst du es dir leisten, die Fülle des Seins in dir zu spüren, indem du dich der Selbsterkundung widmest, ohne das Bedürfnis nach einer Beziehung oder für jemanden da sein zu müssen.

Paradoxerweise kannst du dich in einer solchen tiefen Einsamkeit für die größte Glückseligkeit des Scheitelchakras öffnen: den Verlust deiner individuellen Grenzen, der es dir ermöglicht, deine Untrennbarkeit vom universellen Geist zu erkennen. Es ist gut und wichtig, ein zielstrebiger und entschlossener Mensch zu sein, und dem widme deine Mittwoche und Freitage. Doch am Ende des Tages solltest du daran denken, dass dein Körper und dein Geist zu einem größeren Ganzen gehören. Du brauchst nicht die ganze Last dieses Lebens auf deinen Schultern zu tragen; du teilst sie mit dem unergründlichen Geheimnis, dem dieses Leben entsprungen ist.

Wiederhole diese Affirmationen

»Heute…

… erlaube ich mir, die Welt hinter mir zu lassen.«

… habe ich nichts zu tun und muss nirgendwo hin.«

… erlaube ich der Zeitlosigkeit, zu sein.«

… tauche ich meinen Geist und mein Herz in die Stille meines innersten Wesens.«
… entspanne ich mich und stimme mich auf die Meditation des Universums ein.«
… stelle ich fest, dass die Hintergrundmusik der Welt Stille ist.«
… falle ich in die Lücke zwischen meinen Gedanken.«
… komme ich in Kontakt mit dem Ewigen in mir.«
… tauche ich ein in die Weiten meines Seins.«

Aktiviere dein Scheitelchakra

Lege dein Smartphone und deinen Laptop so weit wie möglich beiseite und halte dich von den Nachrichten und deinem Fernseher fern. Du kannst sogar deine Uhr verstecken, um das Gefühl der Zeitlosigkeit zu verstärken.

Nimm dir Zeit, um in der Einsamkeit allein zu sein. Es ist besonders kraftvoll, mehrere Stunden lang völlige Stille zu halten oder sogar einen ganzen Tag lang zu schweigen. Spüre, wie du dich durch die Praxis des Schweigens von der Welt entfernst.

Unternimm lange Spaziergänge und sei einfach nur da; kontempliere über das Wunder der Schöpfung oder befreie dich von deiner weltlichen Identität. Eine ruhige Zeit in der Natur zu verbringen, ist ideal, weil die Natur die Meditation des Universums widerspiegelt.

Sei einen Tag lang ein Yogi und meditiere lange. Genieße es, in den Zustand des offenen und ungerichteten Gewahrseins einzutauchen. Wenn du Meditation nicht als einen Teil des Tages ansiehst, sondern als Charakteristik des Tages, fällt es dir viel leichter, deinen Geist und Körper im stillen Sitzen zu entspannen.

Während du dich mit alltäglichen Dingen beschäftigst, nimm wahr, dass jede Handlung vor dem Hintergrund von Nicht-Handlung und Stille stattfindet. Sei dir der unbewegten Achse bewusst, um die sich alle Aktivitäten drehen.

Lies Schriften wie das Alte oder Neue Testament, die hinduistischen Veden und Upanishaden, das buddhistische Herz-Sutra oder den

Koran, um mit der uralten Weisheit der Weltreligionen in Berührung zu kommen.

Nimm an spirituellen Versammlungen teil. Das können Belehrungen, Gruppenmeditationen oder Kreise mit heiliger Musik oder Mantras sein. Du kannst auch deine Freunde einladen, mit dir zu meditieren; ein gemeinsamer Austausch über das Energiefeld des Tages könnte es vertiefen und verstärken.

Sieh dir Videos an oder höre Audioaufnahmen von spirituellen Lehrern und Denkern. Denke selbst über ewige Wahrheiten und Fragen nach, etwa: »Wer bin ich?« Eine andere Möglichkeit ist, einen Kurs über Meditation, inneren Frieden oder den stillen Geist zu besuchen.

Erkenne deine weltlichen Bindungen und versuche, sie loszulassen, wenn auch nur ein wenig. Was hält dich an die Erde gefesselt und hält dich davon ab, für einen Tag zu »verschwinden«?

Schaffe zu Hause eine heilige Atmosphäre mit Weihrauch, meditativer Musik, Kerzen und Bildern von Meditierenden. Gestalte deinen Raum einen Tag lang wie einen Tempel. Denke daran, dass Samstag und Sonntag als Anlässe zur Erhebung des Geistes zu betrachten sind. Sorge für dieses Gefühl der Besonderheit, auch wenn du nicht in die Kirche, Synagoge oder Moschee gehst.

Halte deinen Körper leicht und unbelastet, um das Element des Tages, die Luft zu beleben. Dies kann durch frisches Essen – hauptsächlich Rohkost, Gemüse, Obst und Säfte – oder durch einen Tag Wasserfasten erreicht werden. Eine beliebte Variante ist das Saftfasten, also der Verzicht auf alle Speisen und Getränke außer Wasser und frische Gemüsesäfte. Der Chemiker und Ernährungsexperte Raymond Francis empfiehlt, sich das Fasten an einem Tag in der Woche zur Gewohnheit zu machen, um die Entgiftung zu fördern und damit das Leben zu verlängern.[48] Bei bestimmten Erkrankungen solltest du natürlich vor dem Fasten deinen Arzt konsultieren. Eine weitere Möglichkeit, gespeicherte Giftstoffe auszuschwemmen, sind hyperthermische (Schweiß-) Behandlungen, etwa eine Trockensauna.

Aktivierung. Lächle in dein Scheitelchakra hinein oder benutze die Chakra-Blüten-Meditation in Kapitel III, um es wie eine Blume zum Himmel hin zu öffnen, indem du die Öffnung der Krone spürst, als ob sie durch einen Faden mit dem unendlichen Raum über deinem Kopf verbunden wäre. Du kannst dir auch heilige, spirituelle oder himmlische Musik anhören. Eine weitere einfache Möglichkeit, den Tag zu beginnen, besteht darin, sofort vom Liegen zum Sitzen überzugehen und auf dem Bett zu meditieren – so wie Sri Yukteswar, der Guru des berühmten indischen Yogi Yogananda aus dem 20. Jahrhundert es tat, der sich nach einem »abrupten Abbrechen des gewaltigen Schnarchens, einem oder zwei Seufzern und vielleicht einer Körperbewegung« sofort in eine sitzende Position begab und in einen Zustand »tiefer yogischer Freude« eintrat.[49]

Inspiration. Betrachte oder lies Materialien über spirituelle Erleuchtung, spirituelle Führung, *Satsang* (ein traditioneller spiritueller Dialog mit einem erleuchteten Meister), höre spirituelle Musik und Mantras, lies Texte zu Meditation, zum Mysterium der Existenz, der Natur des Bewusstseins, der Bedeutung des Todes, über das Ende des Leidens, spirituelle Traditionen, spirituelle Meister und Heilige, Kundalini und den feinstofflichen Körper und so weiter.

Vision. Überlege, wie du dich an deinem Sonntag tiefer mit der Stille verbinden und das Unveränderliche wahrnehmen kannst. Stelle dir vor, dich heute in einem Zen-Zustand zu befinden – wie sieht er aus? Gibt es Blockaden, die dich daran hindern, ganz in der Stille und Weltabgeschiedenheit zu versinken? Entscheide dich schließlich für eine Tätigkeit und eine Praxis, die dich tiefer in deine innere Stille führt.

Empfohlene Meditationsübung

Der folgende sanfte Prozess, die sogenannte Goldene-Licht-Meditation, geht auf Osho zurück.[50] Sie ahmt einen natürlichen energetischen Prozess nach, der in deinem feinstofflichen Körper abläuft, wenn er wach und aktiv ist. Goldenes Licht durchdringt deinen Körper von oben bis unten, und deine Lebenskraft reagiert darauf, indem sie ganz nach oben zum Scheitel strömt. Das durchdringende Licht ist die männliche Energie, auf die die weibliche Energie antwortet. Zusammen bilden sie einen wunderschönen Kreis, eine subtile Liebesbeziehung. Da dieser Fluss wie ein subtiles Ein- und Ausatmen ist, synchronisiere diese Visualisierung mit dem Ein- und Ausatmen.

Du kannst dich entweder auf den Rücken legen oder auf deinen Meditationsstuhl setzen. Schließe die Augen. Wenn du einatmest, stelle dir vor, dass goldenes Licht in deinen Kopf dringt und sich in deinem Körper ausbreitet, als sei die Sonne in der Nähe deines Kopfes aufgegangen. Das goldene Licht strömt in deinen Kopf, bewegt sich tief in dich hinab und durch dich hindurch, bis es sich durch deine Zehen nach außen ergießt. Nimm diese Visualisierung bei jedem Einatmen vor. Wenn du ausatmest, visualisiere die Dunkelheit, wie sie durch deine Zehen eintritt: ein großer dunkler Fluss, der aufsteigt und durch den Kopf austritt. Nimm diese Visualisierung bei jedem Ausatmen vor.

Wenn das goldene Licht eintritt, lass es deinen ganzen Körper reinigen. Stelle es dir wie eine männliche Energie vor, die dich reinigt und mit schöpferischer Kraft erfüllt. Und wenn die Dunkelheit aus deinen Zehen emporsteigt, stelle sie dir als die dunkelste Farbe vor, die du je gesehen hast, und die sich fließend durch dich emporbewegt. Dies ist eine weibliche Energie; diese dunkle Energie macht deinen Körper und Geist ruhiger und aufnahmefähiger und schenkt dir Kraft.

Atme langsam und tief, damit du vollständig visualisieren kannst. Übe so langsam wie möglich und mit einem tief ausgeruhten Körper. Führe diese Visualisierungen mindestens fünfzehn Minuten lang fort.

Nachdem du die Meditation beendet hast, visualisiere sie bei deinen täglichen Aktivitäten synchron mit deinen Ein- und Ausatmungen, wann immer es dir in den Sinn kommt. Schon die Visualisierung von nur einem der Ströme, entweder des goldenen Lichts oder des dunklen Flusses, kann sehr wirksam sein. Spüre, wie diese Visualisierung dich sofort mit der jenseitigen Welt verbindet – einer subtilen Welt, in der diese Visionen eine unsichtbare, aber greifbare Realität sind.

Diese Meditation kann auch eine schöne Art sein, den Sonntag ausklingen zu lassen. Lege dich in dein Bett, entspanne dich und – wenn du das Gefühl hast, schon halb eingeschlafen zu sein – visualisiere bis zu zwanzig Minuten lang das goldene Licht und den dunklen Fluss. Die Dunkelheit um dich her ist das Echo des dunklen Flusses, der mit jedem Ausatmen durch dich fließt. Diese Übung wird in dein Unterbewusstsein fließen, sobald du eingeschlafen bist.

Weitere Praktiken

- Meditiere auf alle sieben Chakren, um sie als Einheit zu erfahren. Der Sonntag wird zwar vom Scheitelchakra beherrscht, aber bedenke, dass dieses Chakra die anderen sechs zusammenfasst. Eine gute Metapher dafür ist ein Prisma, das weißes Licht in sieben Farben zerlegt, die dann in umgekehrter Richtung wieder zu reinem Licht werden. Genau das kannst du dir vorstellen! Stelle dir vor, wie die zentrale Säule, die die Mitte deines Körpers durchdringt, alle sieben Regenbogenschichten, die während der Woche von deinem inneren Wesen ausgingen, wieder aufnimmt und in einen einzigen leuchtenden, gold-weißen Faden verwandelt. Auf die gleiche Weise kannst du auch die vollständige Erweckung der Chakren praktizieren, etwa das Lächeln in deine Chakren oder die Chakra-Blüten-Meditation, die du beide in Kapitel III findest.
- Übe langsame Yoga-*Asanas* (Körperhaltungen) und sanfte Atemübungen wie *Nadi Shodhana*. Beim langsamen Yoga verweile in jeder Haltung länger, um in einen meditativen Zustand der Einheit von Körper und Geist zu gelangen. *Nadi Shodhana* ist eine Wechselatmung, die es dir ermöglicht, die Luft, die aus den Nasenlöchern ein- und ausströmt, auszugleichen und so die Ruhe des Geistes zu fördern. Eine weitere wichtige yogische Praxis, mit der du experimentieren kannst, ist *Kriya Yoga*.[51]

- Meditiere über die Lücke zwischen deinen Gedanken. Indem du deine Aufmerksamkeit auf die Lücke zwischen den Gedanken und nicht auf die Gedanken selbst lenkst, bewege dich von der Welt der Objekte zur Welt des Raums und des Bewusstseins. Mache dir bewusst, wie viel Raum zwischen den Gedanken liegt. Auf diese Weise wirst du feststellen, dass dein Geist eine riesige Ausdehnung hat, die Gedanken enthält, aber nicht aus Gedanken besteht.
- Verbringe eine Stunde in einem dunklen Raum. Die Meditation in Dunkelheit ist eine sehr wirksame Methode, um schnell Zeitlosigkeit und den inneren Raum zu erfahren. Verschiedene spirituelle Traditionen haben Dunkelraumtechniken eingesetzt, um nachhaltiges spirituelles Wachstum zu erreichen. In der heutigen Zeit haben wir den Kontakt zur völligen Dunkelheit verloren. Es ist ganz einfach, zu Hause eine eigene Dunkelkammererfahrung zu schaffen: Lasse nicht auch nur den kleinsten Lichtstrahl in den Raum dringen. Dann setze oder lege dich hin, entweder in völliger Stille oder mit leiser Musik im Hintergrund.
- Versuche *Zazen*. Die ultimative zen-buddhistische Praxis konzentriert sich auf eine bestimmte Körperhaltung, die Körper und Geist vereint. *Zazen* ist das Sitzen selbst. Wenn du eine gute Haltung eingenommen hast, erfolgt die Versenkung in das Hier und Jetzt von selbst.
- Zu den anderen traditionellen Sonntagspraktiken gehören die verschiedenen Todesmeditationen. Es gibt zum Beispiel buddhistische Meditationen, bei denen man sich die Verwesung des eigenen Körpers vorstellt oder über die Unausweichlichkeit des eigenen Todes nachdenkt.
- Jede Übung, die die Erweckung des Zentralkanals beinhaltet – des wichtigsten subtilen Nervenkanals in der Körpermitte –, ist für den Tag des Geistes sehr geeignet. Die Aktivierung des Zentralkanals ist der Schlüssel zu spiritueller Transzendenz. Er ermöglicht einen der Schwerkraft entgegengesetzten Fluss deiner Lebenskraft zum höchsten Punkt deines Seins, dem Scheitelchakra. Versuche die tibetische Vase-Atem-Meditation oder die taoistische mikrokosmische Orbit-Meditation.[52]

Nimm die Herausforderungen an

Frage dich, ob es an der Zeit ist, dich bestimmten Themen zu stellen, die sich aus deiner sonntäglichen Begegnung mit dem spirituellen Zentrum deines Wesens ergeben.

Beobachte, ob es dir schwerfällt, in der Stille zu bleiben – ist dein Geist lauter denn je oder sucht er nach Ablenkungen? Prüfe, ob dieser Tag des Nichtstuns eine Herausforderung für deinen Tätigkeitsdrang und deine Identität als Macher ist. Sei wachsam, wenn deine Gedanken sich mit ungelösten Problemen beschäftigen, getrieben von dem Wunsch, immer die Kontrolle zu behalten. Finde heraus, ob du Probleme mit dem Alleinsein hast. Fühlst du dich in der Einsamkeit eher allein als zufrieden? Achte auf Ängste, mit denen du konfrontiert wirst, etwa die Angst vor dem Tod oder die Angst, den Boden unter den Füßen zu verlieren, wenn du in tiefe Meditation gehst. Erkenne unbehandelte Probleme in deiner Beziehung zu »Gott« oder dem »großen Geist«. Glaubst du, ein Ausgestoßener zu sein? Achte darauf, ob du dich körperlich zu schwer fühlst, um die Atmosphäre der Leichtigkeit und Transparenz des Sonntags zu genießen.

Du kannst dich entweder schriftlich mit diesen Herausforderungen auseinandersetzen oder nach Unterstützung suchen, die dich auf dem Weg zur Lösung dieser Probleme begleitet.

Tagebuch

Halte ein Tagebuch oder ein Notizbuch bereit, um während des Tages deine Gedanken und Beobachtungen festzuhalten. Du kannst einfach drauflosschreiben, aber hier sind ein paar Fragen, über die du in Bezug auf die Arbeit mit dem Scheitelchakra nachdenken kannst:

- Inwieweit bin ich in der Lage, meine Augen zu schließen und in die Meditation einzutauchen?
- Ist es mir möglich, zu schweigen?
- Kann ich mich leicht mit mir anfreunden, wenn ich ganz allein bin?
- Ist es mir möglich, die weltlichen Dinge für einen Tag beiseitezulassen und die Zeitlosigkeit zu genießen?

- Hänge ich an bestimmten Aktivitäten, sozialen Rollen, Gedanken oder Gefühlen, die mich daran hindern, in mir selbst zur Ruhe zu kommen?
- Kann ich mit der spirituellen Dimension des Lebens in Verbindung treten?
- Kann ich in mir eine tiefere Existenz erkennen, die nichts mit meiner äußeren Erscheinung zu tun hat?
- Vertraue ich darauf, dass ich eine mir innewohnende erleuchtete Natur besitze?

Den Tag beschließen

Dies war deine Begegnung mit der siebten Ebene deines Seins, der Ebene des Geistes, die durch dein Scheitelchakra repräsentiert wird.

Drücke deine Dankbarkeit für den heutigen Tag aus. Erinnere dich daran, was du im Laufe des Tages erledigt hast und was du geplant hattest. Erinnere dich an Ereignisse, die direkt oder indirekt mit den Themen des Chakras zu tun haben könnten. Versuche nicht, kritisch zu bewerten, wie viel du heute erreicht hast. Selbst kleine Schritte sind echte Schritte, die du unternommen hast, und du hast nicht nur dieses eine Chakra, sondern deine gesamte Chakra-Säule zu mehr Wachstum angeregt.

Kurz vor dem Einschlafen, bevor du ins Bett gehst oder während du schon im Bett liegst, bringe deine Aufmerksamkeit in dein Scheitelchakra, das sich in der Mitte deines Kopfes befindet. Visualisiere, wie dieses Chakra dank deiner hingebungsvollen Aufmerksamkeit heute wunderbar aktiv ist, pulsiert und sich wie ein Rad um seine Achse dreht. Stelle dir vor, dass sich in der Mitte des Rades ein konzentrierter und hochpotenter Punkt befindet, der in weißem Licht leuchtet.

Spüre, wie sich dieser konzentrierte Punkt weißen Lichts im ganzen Körper ausbreitet, die Beine bis zu den Füßen bedeckt und sich bis zum Scheitel ausdehnt. Spüre, wie durch diese Visualisierung das Chakra sein einzigartiges Bewusstsein und seine Weisheit in Körper und Geist entlässt. Erlaube der Chakra-Energie, mit ihren Heilkräften an jeden körperlichen, emotionalen oder mentalen blockierten Bereich zu gelangen und ihn durch ihr leuchtendes weißes Licht entwirren und beruhigen. Jetzt erstrahlt dein ganzes Wesen von Kopf bis Fuß in weißem Licht; sogar die Oberfläche deiner Haut strahlt dieses Licht aus.

Umgeben von diesem weißen Licht, kontempliere einen Moment die erhabenste Lehre des Scheitelchakras: Du bist in der Lage, das innerste Selbst tief in dir zu erfahren, das für immer unbegrenzt, universell und leuchtend bleibt, unantastbar für die Auswirkungen der Zeit und sogar den Tod.

Lasse nun das weiße Licht sich wieder in den konzentrierten weißen Punkt auflösen. Indem du deine volle Aufmerksamkeit einem Chakra widmest, machst du jetzt ganz natürlich und mühelos einen Sprung zum nächsten Chakra. Spüre für einen kurzen Moment die Vorfreude auf deinen nächsten Sieben-Tage-Zyklus und die morgige Frequenz: den Wurzelchakra-Tag der Erdung.

Zum Schluss

Nun liegt ein vollständiger Lebensweg vor dir, den du der uralten Weisheit der Chakren verdankst.

Die Chakren als ganzheitlichen Übungsweg kennenzulernen, als Wegweiser für das praktische Leben, unterscheidet sich grundlegend von einem theoretischen Kennenlernen und gelegentlichen Übungen. Jetzt begreifst du die Chakren als einen einfachen, klaren Weg, um deine verschiedenen Wesensanteile zu nähren und zu verwirklichen, als einen Weg, die verschiedenen Blumen in deinem Lebensgarten wachsen zu lassen.

Was die Chakren dir bieten, ist die Macht, dein Leben zu gestalten, deinen Lebenserfahrungen Gestalt zu geben: durch Eingebungen, die buchstäblich aus deinem Innersten aufsteigen. Wie der Autor und Künstler José Argüelles sagte, zeigen dir die Chakren, wie du die seelenraubende Gleichung »Zeit ist Geld« durch die Gleichung »Zeit ist Kunst« ersetzen kannst.[53] Dies könnte grundlegend ändern, wie du dein Leben führen, deine Zeit einteilen und dein verborgenes Potential ausschöpfen willst.

Dieser Wandel – und seine vielen Auswirkungen – kann nicht über Nacht stattfinden. Beginne behutsam und achte auf Rückmeldungen, auf die Art und Weise, wie dein Inneres auf die unvermeidlichen Wellen reagiert, die sich in deinem Umfeld ausbreiten. Selbst wenn du am Anfang nur ein Bruchteil von dem verwirklichst, was in diesem Buch angeboten wird, sollte schon das mehr als genug sein für einen bedeutenden Schritt in deiner Selbstentwicklung und Lebensgestaltung. Darüber hinaus wird deine Neuorientierung zusammen mit einigen Übungen bereits dazu führen, dass dein tägliches Leben einen größeren Sinn bekommt: die Art und Weise, wie du morgens erwachst in dem Wissen, was dich erwartet, sobald du die Augen öffnest, die Art und Weise, wie du dich an der Schwelle zu einer neuen Woche fühlst, und die Art und Weise, wie du dich fühlst, wenn du eine Woche beschließt und dich dem großen »Reset« am Sonntag näherst. Jeden Morgen wirst du in eine neue Frequenz aufsteigen; deine Woche wird sich reich und vielfältig anfühlen und jeder Tag eine ihrer verschiedenen Facetten offenbaren wie ein strahlender Diamant.

Es ist mein aufrichtiger Wunsch, dass du dich langsam auf diesen Weg einstimmst, und dass dies nicht durch Selbstdisziplin geschieht, sondern durch tastende Schritte und vorsichtige Versuche, die dein Herz, deinen Geist und deinen Körper auf natürliche Weise in einen neuen Fluss bringen. Ich hoffe, dass du, wenn du diesem Siebener-Rhythmus folgst, auf den Geschmack einer ganzheitlichen Lebenserfahrung kommst und dass dieses Gefühl eines allumfassenden Aufblühens dir den Weg zeigt. Vor allem wünsche ich dir, dass deine weisen Chakren dich mit einer wahrhaft spirituellen Erfahrung deiner Woche versehen, die dich über den sich wiederholenden Zyklus von Arbeit und Ruhe hinausführt und dir weitere, noch unbekannte Horizonte deines Wesens offenbart.

Bibliographie

Ackerman, Courtney E. »What Is Self-Transcendence? Definition and 6 Examples (+PDF).« *PositivePsychology*. September 1, 2020. https://positive psychology.com/self-transcendence/

Argüelles, Jos.. »The Law of Time.« Foundation for the Law of Time. Accessed October 6, 2020. https://lawoftime.org /lawoftime.html

Chia, Mantak. *Awaken Healing Energy through the Tao: The Taoist Secret of Circulating Internal Power*. Santa Fe, NM: Aurora Press, 1983

Deutsch: *Tao Yoga*. Heyne 2005

Chia, Mantak. *Healing Love through the Tao: Cultivating Female Sexual Energy*. Rochester, VT: Destiny Books, 2005

Deutsch: *Tao Yoga der heilenden Liebe*. Heyne 2010

Dalai Lama and Howard C. Cutler. »The Art of Happiness Quotes« from The Art of Happiness: A Handbook for Living. Goodreads. Accessed October 5, 2020. https://www.goodreads.com/work/quotes/1651617-the-art-of-happiness-a-handbook-for-living

Easwaran, Eknath, trans. *The Upanishads*. 2nd ed. Tomales, CA: Nilgiri, 2007

Eisler, Melissa. »Laughter Meditation: 5 Healing Benefits and a 10-Minute Practice.« Chopra. March 10, 2017. https:// chopra.com/articles/laughter-meditation-5-healing-benefits-and-a-10-minute-practice

Fernando, Anushka B. P., Jennifer E. Murray, and Amy L. Milton. »The Amygdala: Securing Pleasure and Avoiding Pain.« *Frontiers in Behavioral Neuroscience* 7 (December 2013). https://doi.org/10.3389/fnbeh.2013.00190

Francis, Raymond. *Never Fear Cancer Again: How to Prevent and Reverse Cancer*. Deerfield Beach, FL: Health Communications, Inc., 2011

Francis, Raymond. *Never Feel Old Again: Aging Is a Mistake – Learn How to Avoid It*. Deerfield Beach, FL: Health Communications, Inc., 2013

Frankl, Viktor E. *Man's Search for Meaning*. Boston: Beacon Press, 2006

Deutsch: *Über den Sinn des Lebens*. Beltz 2021

»Get Grounded and Thrive This Fall By Eating These 5 Foods.« Simple Mills. September 26, 2018. https://simplemills.com /Learn/Blog/Blog-Posting/September-2018/Get-Grounded-and-Thrive-This-Fall-By-Eating-These.aspx

Gurdjieff and the Fourth Way. »Self-Remembering.« Learning Institute for Growth, Healing, and Transformation. http:// www.gurdjiefffourthway.org/pdf/SELF-REMEMBERING.pdf

Hallowell, A. Irving. »Temporal Orientation in Western Civilization and in a Pre-Literate Society.« *American Anthropologist* 39, no. 4 (1937): 647–70. Accessed May 26, 2020. www.jstor.org/stable/662420

Hedegaard, Erik. »Wim Hof Says He Holds the Key to a Healthy Life – But Will Anyone Listen?« *Rolling Stone*. November 3, 2017. https://www.rollingstone.com/culture/culture-features/wim-hof-says-he-holds-the-key-to-a-healthy-life-but-will-anyone-listen-196647/

Jeffrey, Scott. »Cultivate Boundless Energy with an Ancient Standing Meditation Called Zhan Zhuang.« CEOsage. Accessed October 5, 2020. https://scottjeffrey.com/zhan-zhuang/

Judith, Anodea. »History of the Chakra System.« Sacred Centers. Accessed October 5, 2020. http://sacredcenters.com/history-of-the-chakra-system/

Kabat-Zinn, Jon. »The Body Scan Meditation.« Palouse Mindfulness. 2005. https://palousemindfulness.com/docs/bodyscan.pdf

Kabat-Zinn, Jon. »Mountain Meditation Script.« Palouse Mindfulness. Accessed October 5, 2020. https://palousemindfulness.com /docs/mountain meditation.pdf

Kahneman, Daniel. *Thinking, Fast and Slow*. London: Penguin, 2012
Deutsch: *Schnelles Denken, langsames Denken*. Penguin 2016

Kowalski, Kyle. »What Is Transcendence? The True Top of Maslow's Hierarchy of Needs.« Sloww. Accessed October 5, 2020. https://www.sloww.co/transcendence-maslow/

Li, Qing. »›Forest Bathing‹ Is Great for Your Health. Here's How to Do It.« *Time*. May 1, 2018. https://time.com/5259602 /japanese-forest-bathing/

McLeod, Saul. »Maslow's Hierarchy of Needs.« SimplyPsychology. Updated March 20, 2020. http://www.simplypsychology.org/maslow.html

Nhat Hanh, Thich. »Walk like a Buddha.« *Tricycle*, Summer 2011. https://tricycle.org/magazine/walk-buddha/

Nugteren, Albertina. *Belief, Bounty, and Beauty: Rituals Around Sacred Trees in India*. Leiden, Netherlands: Brill Academic Publishers, 2005

Osho. *Meditation: The First and Last Freedom*. New York: St. Martin's Griffin, 2004
Deutsch: Meditation: *Die erste und letzte Freiheit*. Innenwelt 1998

Pandita, Sayadaw U. »What Is Vipassana Meditation and How Do You Practice It?« *Lion's Roar*. March 3, 2020. https:// www.lionsroar.com/how-to-practice-vipassana-insight-meditation/

Rana, Sarika. »Here's Why Eating Food with Hands Is a Healthy Habit.« NDTV Food. Updated April 3, 2018. https://food.ndtv.com/health/heres-why-eating-food-with-hands-is-a-healthy-habit-1831872

Riggio, Ronald E. »There's Magic in Your Smile.« Psychology Today. June 25, 2012. https://www.psychologytoday.com/ intl/blog/cutting-edge-leadership/201206/there-s-magic-in-your-smile

Satyananda Saraswati, Swami. *Kundalini Tantra*. Munger, Bihar, India: Yoga Publications Trust, 2012

Sharma, Robin. *The 5 AM Club: Own Your Morning. Elevate Your Life*. New York: HarperCollins, 2020
Deutsch: *Der 5-Uhr-Club*. Knaur 2022

Spiritual Awakening. »Om Mani Padme Hum, Most Powerful Third Eye Opening Meditation – Third Eye Activation.« YouTube. December 28, 2017. https://www.youtube.com/watch?v=v0IRF4gUcc0&t=590s

Thorp, Tris. »Guided Meditation: Ground Yourself Using the Earth Element.« Chopra. February 4, 2019. https://chopra.com/articles/guided-meditation-ground-yourself-using-the-earth-element

Toomer, Gerald J. »Archimedes.« Encyclopaedia Britannica Online. Last modified November 12, 2019. https://www.britannica.com/biography/Archimedes

Traditional Music Channel. »African Zulu Drum Music.« You-Tube. March 7, 2014. https://www.youtube.com /watch?v=BLZTOiKBHVA

Tubali, Shai. *The Seven Chakra Personality Types: Discover the Energetic Forces That Shape Your Life, Your Relationships, and Your Place in the World*. Newburyport, MA: Conari Press, 2018
Deutsch: *Entdecke deine Chakra-Persönlichkeit*. mvg, 2019

Tubali, Shai. *Unlocking the 7 Secret Powers of the Heart: A Practical Guide to Living in Trust and Love*. Rochester, VT: Earthdancer Books, 2018
Deutsch: *Die 7 Herzgeheimnisse*. Neue Erde, 2019

Wallis, Christopher. »The Real Story on the Chakras.« *Hareesh*. February 5, 2016. https://hareesh.org/blog/2016/2/5/the-real-story-on-the-chakras

Wood, Wendy. *Good Habits, Bad Habits: The Science of Making Positive Changes That Stick*. New York: Farrar, Straus and Giroux, 2019
Deutsch: *Good Habits, Bad Habits*. Piper 2022

Yogananda, Paramhansa. *Autobiography of a Yogi*. Los Angeles: Self-Realization Fellowship, 2011
Deutsch: *Autobiographie*. Hans Nietsch, 2006

Zerubavel, Eviatar. *The Seven Day Circle: The History and Meaning of the Week*. Chicago: University of Chicago Press, 1985

Endnoten

1 Wendy Wood, *Good Habits, Bad Habits*, 116-117
2 Eviatar Zerubavel, *Seven Day Circle*, 8, 14
3 Anodea Judith, »History of the Chakra System«
4 Christopher Wallis, »Real Story on the Chakras«
5 Eknath Easwaran, *The Upanishads*, 227
6 Eviatar Zerubavel, *Seven Day Circle*, vii
7 Eviatar Zerubavel, *Seven Day Circle*, 2-3
8 Eviatar Zerubavel, *Seven Day Circle*, 7-8
9 Exodus 20:8-11
10 Eviatar Zerubavel, *Seven Day Circle*
11 José Argüelles, »The Law of Time«
12 Christopher Wallis, »Real Story on the Chakras«
13 Raymond Francis, *Never fear Cancer again*, 304
14 Saul Mcleod, »Maslow's Hierarchy of Needs«
15 Courtney E. Ackerman, »What is Self-Transcendence?«
16 Kyle Kowalski, »What is Transcendence?«
17 Saul Mcleod, »Maslow's Hierarchy of Needs«
18 Siehe Viktor Frankl, *Man's Search for Meaning*
19 Wenn du mehr darüber erfahren willst, lies mein Buch *Entdecke deine Chakra-Persönlichkeit*
20 Ronald E. Riggio, »There's Magic in Your Smile«
21 Ronald E. Riggio, »There's Magic in Your Smile«
22 https://www.youtube.com/watch?v=h3YKwLgv_sw.
23 https://www.youtube.com/watch?v=W9B0mpxvYms.
24 Swami Satyananda Saraswati, *Kundalini Tantra*, 137-138
25 Swami Satyananda Saraswati, *Kundalini Tantra*, 140
26 Thich Nhat Hanh, »Walk like a Buddha«
27 »Get Grounded and Thrive This Fall By Eating These 5 Foods«
28 Swami Satyananda Saraswati, *Kundalini Tantra*, 146-155. Kapitel 5
29 Sarika Rana, »Here's Why Eating Food with Hands Is a Healthy Habit.«
30 Melissa Eisler, »Laughter Meditation«.
31 Osho, *Meditation: The First and Last Freedom*
32 Quing Li, »›Forest Bathing‹ Is Great for Your Health.«

33 Anushka B. P. Fernando, Jennifer E. Murray, und Amy L. Milton, »The amygdala«

34 Erik Hedegaard, »Wim Hof Says He Holds the Key to a Healthy Life – ut Will Anyone Listen?«

35 Swami Satyananda Saraswati, *Kundalini Tantra*, 161

36 Swami Satyananda Saraswati, *Kundalini Tantra*, 16-71

37 Dalai Lama und Howard C. Cutler, *The Art of Happiness*

38 Daniel Kahneman, *Thinking, Fast and Slow*, 418

39 Osho, *Meditation: The First and Last Freedom*, 147

40 Diese Meditation wurde von Oshos *Meditation* und Satyanandas *Kundalini Tantra* inspiriert, beides sind ausgezeichnete Quellen.

41 Swami Satyananda Saraswati, *Kundalini Tantra*, 127-130

42 Robin Sharma, *The 5 AM Club*, 203

43 Gerald J. Toomer, »Archimedes«

44 Daniel Kahneman, *Thinking, Fast and Slow*, 59-60

45 Swami Satyananda Saraswati, *Kundalini Tantra*, 129, 214-218

46 Swami Satyananda Saraswati, *Kundalini Tantra*, 189

47 Albertina Nugteren, *Belief, Bounty, and Beauty: Rituals Around Sacred Trees in India*, 13-21

48 Raymond Francis, *Never Feel Old Again*, 194-198

49 Paramahansa Yogananda, *Autobiography of a Yogi*, 106

50 Osho, *Meditation: The First and Last Freedom*, 133-135

51 Swami Satyananda Saraswati, *Kundalini Tantra*, 284-315

52 Siehe Thubten Yeshe, *Inneres Feuer* und Mantak Chia, *Awaken Healing Through the Tao*

53 José Argüelles, »The Law of Time«

Über den Autor

Shai Tubali, Chakra-Experte, spiritueller Lehrer, Fachmann auf dem Gebiet der Kundalini und des feinstofflichen Körpersystems, lebt in Berlin, wo er eine Schule für spirituelle Entwicklung leitet und Seminare, Trainings, Satsangs und Retreats hält. Seit 2000 arbeitet er mit Menschen aus aller Welt und begleitet sie auf ihrem spirituellen Weg. Er hat zwanzig Bücher über Spiritualität und Selbstentwicklung geschrieben, darunter *Good Morning, World*, ein Bestseller in Israel, und *The Seven Wisdoms of Life*, Gewinner des USA Best Books Award und Finalist des Book of the Year Award.

Bleiben Sie auf dem laufenden, indem Sie Shais YouTube-Kanal abonnieren und haben Sie Zugang zu einer Fülle von zusätzlichem Material.

Weitere Bücher von Shai Tubali:

Chakren, Neue Erde 2013
White Light, Kamphausen 2013
Die spirituelle Revolution, Amra 2015
Lebensfreude, Neue Erde 2017
Entdecke deine Chakra-Persönlichkeit, mvg 2019

Ein neues Bild der Chakren

Shai Tubali hat über jahrelange Yoga-Praxis einen tiefen Zugang zu den Chakren gefunden, die in diesem Buch erstmals als feinstoffliche Anatomie unserer Seele beschrieben werden. Jedes der sieben Hauptchakren wird ausführlich in allen psychologischen Facetten behandelt. So können wir nicht nur erkennen, wo ein Chakra nicht richtig arbeitet, sondern lernen auch, wie wir es wieder ins Gleichgewicht und zur vollen Entfaltung bringen.

Abgerundet wird das Buch durch Fragebögen zu den Chakren, mit deren Hilfe jede(r) Leser(in) sich ein genaues Bild der Stärken und Schwächen ihrer/seiner Chakren machen kann.

Jedes der sieben Hauptchakren wird ausführlich in allen psychologischen Facetten behandelt. So können wir nicht nur erkennen, wo ein Chakra nicht richtig arbeitet, sondern lernen auch, wie wir es wieder ins Gleichgewicht und zur vollen Entfaltung bringen.

Abgerundet wird das Buch durch Fragebögen zu den Chakren, mit deren Hilfe jede(r) Leser(in) sich ein genaues Bild der Stärken und Schwächen ihrer/seiner Chakren machen kann.

Shai Tubali
Chakren
Die sieben Energiekörper der Seele
Paperback, 272 Seiten
ISBN 978-3-89060-628-6

Lust, Liebe, Lachen – das zweite Chakra

Geht es im ersten Chakra um das bloße Überleben, so steht das zweite Chakra (auch Sakralchakra genannt) für die Lust am Leben, für die Freude am Dasein, für die Präsenz mit allen Sinnen – für Lebensfreude pur. In diesem Buch geht es um das kosmische Prinzip und die Funktion des zweiten Chakras und darum, wie wir hier mögliche Ungleichgewichte ins Lot und des Lebens Freude wieder zum Vorschein bringen.

In vielen Chakra-Büchern werden die »niederen« Chakren als bloße Vorstufen der ultimativen Verbindung mit dem Göttlichen behandelt. Dabei können sich auch die höheren Chakren nur im Konzert mit allen anderen entfalten. Hat Shai Tubali in seinem ersten Buch alle Chakren als jeweilige Bindeglieder von Körper und Seele beschrieben, so widmet er sich in seinem neuen Buch ganz dem so oft geringgeschätzten und vernachlässigten zweiten Chakra, wo Lust, Gefühle und Sinnenfreude wohnen.

In diesem gründlichen Werk steckt Tubali nicht nur das Gebiet ab, welches das zweite Chakra ausmacht, sondern er beschreibt auch die vielfältigen Schwächen, die hier auftreten können (bis hin zu Angst, Depression und Sucht), und wie wir diese in Stärken umwandeln können.
Im dritten Teil geht es um die höheren Potentiale des zweiten Chakras: um den Zauber des Daseins, den kreativen Fluss und das freudige Leben mit allen Sinnen.

Shai Tubali mit Philipp Ritzler
Lebensfreude
Das zweite Chakra zum Leben erwecken
Paperback, 192 Seiten
ISBN 978-3-89060-712-2

Aus der Kraft des Herzens leben

Sie glauben, Ihr Herz sei weich und schwach? Damit sind sie nicht allein, liegen aber völlig falsch. Das Herz ist stark und weise. Doch die Ängste, die unser Denken schuf, ließen uns das Herz vergessen. Mit Shai Tubalis Buch können wir die Mauern einreißen, hinter denen wir unser Herz verbergen. Dann werden wir wieder frei, offen und mit Liebe aus ganzem Herzen leben.

Schon mit seinem Erfolgsbuch »Chakren« hat Shai Tubali gezeigt, dass er weiß, wie eng Seele und Körper zusammengehören. In diesem Buch richtet er seine ganze Aufmerksamkeit auf das Herz.

Die Übungen, die jedes Kapitel begleiten, hat der Autor vielfach in seinen Kursen und Retreats erprobt. Mit ihnen werden Sie mehr und mehr in Ihre Herzkraft finden und aus ganzem Herzen die Fülle leben.

Shai Tubali
Die sieben Herzgeheimnisse
Leben in Vertrauen und Liebe
Klappenbroschur, 128 Seiten, mit vielen Farbfotos
ISBN 978-3-89060-759-7

Mit Farben und Bildern die Seele stärken

Farben und Bilder können unser körperliches, emotionales und seelisches Wohlbefinden entscheidend beeinflussen. Auf energetischer Ebene wirken sie auf unsere Chakren und das Energiefeld des Körpers. Im Kartenset werden unser Energiefeld und unsere Chakren in ihrer Wirkungsweise beschrieben. Farben und Bilder lassen sich gezielt dazu einsetzen, Körper und Seele zu stärken und einen Prozess der Heilung einzuleiten. Jede Farbe hat ihre eigene Schwingung und Wellenlänge, die sich auf uns überträgt. Körperliche oder psychische Energie-Defizite können wir durch die Wirkung von Farbe, die wir »gerade brauchen«, auffüllen.

Sigrid Meggendorfer
Die heilende Energie der Farben
Buch 176 Seiten mit 68 Karten in Magnetklappbox
ISBN 978-3-89060-847-1

Der Yoga-Weg zur Selbsterkenntnis

Der Yoga-Weg ist vielgestaltig wie das Leben selbst, und groß an der Zahl sind auch die Yoga-Stellungen und -Übungen. Dieses Orakel verknüpft die Yogalehre, Chakren und Asanas sowie die Fünf Elemente mit unseren Lebensthemen. Jede der 36 Karten bildet eine Yogastellung ab und bindet sie in Themen ein, die uns auf unserem Lebensweg begegnen. Das Buch ist eine Einführung in das Yoga und gibt zu jeder Orakelkarte eine ausführliche Erläuterung sowie einen prägnanten Orakeltext. Die Karten gliedern sich – analog zu den Fünf Elementen – in fünf Gruppen mit je sieben Karten. Die Meisterkarte, das OM, vollendet das Deck zur Zahl 36.

Andrea Wichterich, Reiner Angermeier
Das Yoga-Orakel
Erkenne dich selbst
Buch 160 Seiten mit 36 Karten
ISBN 978-3-89060-844-0

Das praktische Anleitungstool für Yoga draußen in der Natur

In den herausfordernden Zeiten des Lockdowns wurde das Konzept von Yoga-NaTour entwickelt. Das Buch vereint Komponenten aus Kundalini-Yoga, Breath Walk® (meditatives Gehen mit Atemkonzentration) und Waldbaden. Dabei geht es um die Akzeptanz der Veränderung, der wir stetig ausgesetzt sind, und darum, uns dem Kreislauf der Natur hinzugeben. Yoga NaTour spiegelt diesen Kreislauf wider, indem eine Tour durch die Natur, gepaart mit leichten Yoga-Übungen, Atemübungen, Meditationen und meditativem Gehen uns zu mehr Glück und Gelassenheit führen und uns von Angst befreien. Die Verbindung mit unserem Atem spielt dabei eine zentrale Rolle.

Carolina Boretius
Yoga NaTour
Bewusste Atmung und Bewegung in der Natur
Paperback, 144 Seiten, 32 Karten, in Magnetklapp-Box
ISBN 978-3-89060-807-5

Das Wunder des Lebens neu entdecken

Es gibt keine vorgeschriebene Reihenfolge, in der man die Landschaften erkunden sollte. Vielmehr sind die Leserinnen eingeladen, mit dem Gebiet zu beginnen, das sie am meisten anspricht – oder vielleicht mit dem, das sie am stärksten herausfordert. Jedes Gebiet ist mit den anderen verknüpft und beleuchtet sie. Die Leserinnen werden instinktiv zu den Praktiken gelangen, die sie am meisten brauchen. Während der gesamten Reise tauchen die Leser in eine Welt des Staunens und der Ehrfurcht ein und entdecken neue Möglichkeiten des Lernens und der Erweiterung des Alltagslebens.

Fabiana Fondevila
Wo das Wunderbare wohnt
Mit einem Vorwort von Bruder David Steindl-Rast
Klappenbroschur, 288 Seiten
ISBN 978-3-89060-816-7

Hier kann man sich zum **Neue Erde-Newsletter** anmelden:
newsletter.neueerde.de/anmeldung

NEUE ERDE im Buchhandel

Neue Erde ist ein kleiner unabhängiger Verlag, und der unabhängige Buchhandel ist unser natürlicher Partner. Wir unterstützen die Initiative »buy local«.

Sollte es Lieferschwierigkeiten bei den Büchern von NEUE ERDE geben, lassen Sie immer im VLB (Verzeichnis lieferbarer Bücher) nachsehen, im Internet unter **www.buchhandel.de**

Alle lieferbaren Titel des Verlags sind für den Buchhandel verfügbar.

Sie finden unsere Bücher auch auf unserer Homepage **www.neue-erde.de** oder in unserem Gesamtverzeichnis, welches Sie gerne hier anfordern können:

NEUE ERDE GmbH
Cecilienstr. 29 · 66111 Saarbrücken
info@neue-erde.de